영웅을 넘어 신이 된 사람

관우

영웅을 넘어 신이 된 사람

관우

남덕현 지음

현자의마을

차 례

1장. 삼국지의 이해

2장. 소설 《삼국연의》 속 관우 이야기

3장. 시와 관우

4장. 민간문화와 관우

1장.

삼국지의 이해

우리나라에는《삼국지》[1]를 좋아하는 소위 삼국지 마니아가 매우 많다고 한다.《삼국지》는 우리나라는 물론이고 중국과 일본 등 동아시아 국가에서 많은 사람들에 의해 끊임없는 사랑을 받고 있다. 이런 열의에 비해《삼국지》에 대한 학자들의 전문적이고 학술적인 연구는 상대적으로 활발하지 못하였다. 그 이유는 삼국지가 역사소설이기는 하지만 중국 고전소설의 여타 대작인 홍루몽 紅樓夢, 수호전 水滸傳 등에 비해 볼 때 상대적으로 문학성이 떨어진다는 평가를 받아 왔기 때문이다. 그럼에도 불구하고《삼국지》는 독자들에게 시대를 초월하여 흥미진진하게 널리 읽히고 있다. 그 이유는 분명 소설 내적 요인뿐만 아니라 다른 외적 요인에도 그 원인이 있는 듯하다. 우리나라의 소설《삼국지》에 대한 이해와 연구는 상당한 수준이다. 그러나 대체적으로 소설《삼국지》의 문학성에만 국한된 이해와 연구인 듯한 느낌이다. 그래서 필자는 외적 요인에 대한 이해와 분석을 위해 실제 삼국지문화 유산의 현장을 찾아 답사를 해보았다.[2]

　　답사를 통해 중국에는 소설《삼국지》에만 국한되지 않는 소위 삼국지문화라는 것이 형성되어 있음을 알게 되었다. 이 삼국지문화는 크게 역사서《삼국지》, 소설《삼국지》, 그리고 민간전설의 세 부분과 관련되어 구성되어 있다. 이와 같은 삼국지문화에 대한 포괄

적이고도 전반적인 이해와 인식은 소설《삼국지》를 바르게 이해하는데 반드시 필요한 한 부분이라 생각된다.

이 책에서 필자는 삼국지의 본무대인 중국에서 보편적으로 형성되어 있는 삼국지문화의 내용과 구성을 각종 자료와 답사 경험을 바탕으로 분석하고 그 성격의 본질을 고찰하여 소설《삼국지》연구 토대의 한 부분을 마련해 보고자 한다.

삼국지문화는 역사서《삼국지》에 등장하는 인물과 사건이 기본적 골격이고, 이것이 소설화되어지는 과정에서 정리자가 가미한 허구적 요소가 많은 다양성과 읽을거리를 제공하고 있다. 또한 일반인들의 바람과 정서가 담겨진 민간의 전설이 전반적으로 삼국지문화의 바탕에 깔려 있다.

---

1 소설《삼국지통속연의(三國志通俗演義)》를 중국에서는《삼국연의(三國演義)》, 우리나라에서는 일반적으로《삼국지(三國志)》라 통칭하며 널리 사용하고 있다. 따라서 본 고에서도 '삼국지'란 명칭을 그대로 사용하기로 한다. 그러나 역사서《삼국지(三國誌)》와의 혼란을 피하기 위해 소설은 '소설《삼국지》'로, 역사서는 '역사서《삼국지》'로 구별하기로 한다.
2 남덕현,《삼국지문화답사기》(서울, 미래M&B, 2001년 1월) 참조.

역사서 《삼국지》

　삼국지문화의 기본적 골격은 후한後漢 말기부터 위魏 · 촉蜀 · 오吳로 나뉘어 병립했던 삼국시대[3]의 역사적 사실이 그 토대가 되고 있다. 실제 있었던 역사적 사실과 실존했던 인물이 바탕이 되어 역사소설《삼국지》의 근간을 이루게 되는 것이다.

　소설《삼국지》에는 당시 하진何進 동탁董卓 등 기존 호족세력의 발호 및 손견孫堅 원소袁紹 조조曹操 등 각 지역을 토대로 한 신흥 호족세력의 등장, 그들 신구 호족세력들 간의 갈등과 패권 다툼과 함께 신흥세력들 간의 세력 다툼의 결과로 조조, 유비劉備, 손권孫權의 삼분천하로 가는 과정이 그려져 있다. 그 과정에서 등장하는 인물과 적벽대전 같은 사건에 대한 묘사와 서술은 모두가 역사

3　위(魏; 220-265), 촉(蜀; 221-263), 오(吳; 229-280), 陳壽,《三國志》(北京, 中華書局, 1985) 卷2 〈魏書 · 文帝紀〉, 62쪽. 卷32 〈蜀書 · 先主傳〉, 889쪽. 卷47 〈吳書 · 吳主傳〉, 1134쪽. 참조.

적벽대전과 관련한 중국 벽화

서 《삼국지》에 기술된 실제 사실인 것이다.

　역사서 《삼국지》는 진수陳壽[4]가 위·촉·오 세 나라의 역사를 기전체紀傳體 형식으로 쓴 정식 역사서이다. 다시 말하면 진수가 저술한 이 역사서 《삼국지》의 역사적 사실 모두가 바로 삼국지문화의 기본적 바탕이 되는 것이다.

4　(233-297), 字 承祚.

역사 속의 관우

먼저 역사서인 정사正史《삼국지》속 관우의 실제 모습을 살펴보자.

진수陳壽는 삼국시대에 살았던 사람이다. 그는 촉의 무장이었던 진식陳式의 아들로, 관우 사후 불과 40년 뒤에 태어났다. 이런 면에서 보면《삼국지》라는 역사서는 크게 신뢰할 수 있지만 관우에 대한 언급이 많지 않다는 점에서는 유감스럽다고 하지 않을 수 없다. 책 속에 있는 〈관우전關羽傳〉도 불과 965자에 지나지 않는다.[5] 하지만 〈관우전〉은 같은 권에 있는 장비張飛(780자), 마초馬超(660자), 황충黃忠(250자), 조운趙雲(370자)전의 글자 수보다는 많다. 관우가 태어난 연대는 기재되어 있지 않지만 죽음의 과정에 대하여는 명확하게 나와 있다. 이 〈관우전〉에 기재되어진 내용과 〈여몽전呂蒙

5   이마이즈미 준노스케, 이만옥 역,《관우》(서울 : 예담, 2002), 13쪽 참조.

傳 〉 및 기타 인물들에 관한 역사서《삼국지》속의 기록들을 살펴보면 관우가 어떤 사람이었는지 그 대체적 모습을 알 수 있을 것 같다. 그는 결국 동한東漢 헌제獻帝 건안建安 24년219년 에 죽었는데, 그의 역사적 행적은 대략 다음의 몇 시기로 나누어 살펴볼 수 있다.[6]

첫 번째 시기는 망명하여 탁군涿郡 으로 들어간 시기이다. 관우는 자가 운장雲長 이고 본래 자는 장생長生 이며, 하동군河東郡 해현解縣 사람으로 후에 탁군으로 망명하였다. 동한 영제靈帝 말년, 황건적의 난이 일어나자 천하의 영웅들이 더불어 일어나게 되는데, 그때 유비劉備 가 고향에서 병사들을 모집하자, 그는 유비, 장비와 함께 뜻을 모아 전쟁에 참가하게 된다.[7]

두 번째 시기는 활약 초창기로 유비가 평원상平原相 이 된 후, 유비 · 관우 · 장비 세 사람이 한말 영웅들의 천하 쟁탈전에 첫발을 내디딘 시기이다. 관우는 장비와 더불어 별부사마別部司馬 가 되어 군대를 함께 통솔하였으며 유비가 있는 곳이면 친형제와 같은 정으로 어디든지 같이 하며 생사고락을 같이하였다. 특히 유비가 조조의 도움으로 여포의 손에 있던 서주徐州 를 다시 찾고, 이어 서주자사徐州刺史 차주車胄 를 죽여 서주를 다스릴 때 관우는 유비를 도와

---

6   洪淑苓,《關公民間造型之研究》(國立臺灣大學校, 박사논문, 1995년 5월), 박신영,《三國演義》의
      관우 형상화가 그 神格化에 끼친 영향), (부산대 석사논문, 2004) 참조
7   본 고에서의《三國志》인용문은 陳壽, 裵松之 注,《三國志》(杭州: 浙江古籍出版社, 1996)를 참고
      하여 주를 하였다. 〈關羽傳〉"關羽字雲長, 本字長生, 河東解人也. 亡命奔涿郡. 先主於鄉里合徒
      衆, 而羽與張飛爲之禦侮." (陳壽, 裵松之 注,《三國志》(杭州: 浙江古籍出版社, 1996) 582쪽)

하비 下邳 성을 지키게 된다.[8]

세 번째 시기는 조조의 휘하에 있던 시기이다. 건안 5년 봄에 조조가 친히 동쪽 지역 정벌에 나서 유비를 공격하니 유비는 원소 袁紹 에게로 도망가고, 처자는 포로가 된다. 조조가 다시 하비를 공격하자 관우는 항복하고 조조를 따라 허도 許都 로 가게 된다. 조조는 관우를 편장군 偏將軍 으로 임명하고 매우 후하게 대한다. 이후 관우가 조조군과 원소군이 싸울 때 백마 白馬 의 포위를 풀어 안량 顔良 을 죽여 공을 세우자 조조가 그를 한수정후 漢壽亭侯 로 봉한다. 조조는 장료를 시켜 관우를 자신의 사람으로 만들려고 하지만 관우는 유비의 은혜를 저버릴 수 없다며 거절하고는 조조가 내린 상을 전부 놓아두고 원소에게 가 있는 유비를 찾아 떠난다.[9]

네 번째 시기는 형주 荊州 를 장악해 가던 시기로 관우가 유비를 따라 형주목 荊州牧 유표 劉表 에게 의탁하여 지내던 시기이다. 이 시기에 유비는 제갈량 諸葛亮 을 삼고초려하여 그와 함께 천하를 삼분할 융중의 대책을 세운다. 유표가 죽은 후, 조조는 형주를 공격하지

---

8 〈關羽傳〉: "先主爲平原相, 以羽, 飛爲別部司馬, 分統部曲. 先主與二人寢則同床, 恩若兄弟. 而稠人廣坐, 侍立終日, 隨先主周旋, 不避艱險. 先主之襲殺徐州刺史車冑, 使羽守下邳城, 行太守事, 而身還小沛." (陳壽, 앞의 책, 582쪽)

9 〈關羽傳〉: "建安五年, 曹公東征, 先主奔袁紹. 曹公禽羽以歸, 拜爲偏將軍, 禮之甚厚. 紹遣大將軍顔良攻東郡太守劉延於白馬, 曹公使張遼及羽爲先鋒擊之. 羽望見良麾盖, 策馬刺良於萬衆之中, 斬其首還, 紹諸將莫能當者, 遂解白馬圍. 曹公卽表封羽爲漢壽亭侯. 初, 曹公壯羽爲人, 而察其心神無久留之意, 謂張遼曰: '卿試以情問之.' 旣而遼以問羽, 羽歎曰: '吾極知曹公待我厚, 然吾受劉將軍厚恩, 誓以共死, 不可背之. 吾終不留, 吾要當立效以報曹公乃去.' 遼以羽言報曹公, 曹公義之. 及羽殺顔良, 曹公知其必去, 重加賞賜. 羽盡封其所賜, 拜書告辭, 而奔先主於袁軍. 左右欲追之, 曹公曰: '彼各爲其主, 勿追也.'" (陳壽, 앞의 책, 582쪽)

만 유비는 손권孫權과 연합하여 조조를 물리친다. 건안 13년 10월, 오림 적벽대전에서 손권과 유비 연합군은 화공으로 조조군의 배를 태우고 조조는 화용도華容道로 달아난다. 유비는 형주를 다스리게 되고 손권의 누이를 아내로 맞이한다. 주유周瑜는 영릉零陵, 계양桂陽, 무릉武陵, 장사長沙 네 군을 유비에게 주게 되고 관우는 양양태수襄陽太守, 탕구장군蕩寇將軍으로 임명되어 강북 일대에 주둔하게 된다.[10]

다섯 번째 시기는 형주를 지키던 시기이다. 건안 16년, 유비가 친히 익주益州를 평정하고 관우와 제갈량에게 형주를 지키게 한다. 건안 19년, 마초가 투항하여 왔다. 건안 20년 손권이 형주를 되찾고자 여몽으로 하여금 2만 대군을 이끌고 공격하게 하자 유비는 관우에게 3만 병마를 이끌고 익양益陽으로 가게 한다. 손권은 다시 노숙魯肅, 감녕甘寧에게 병사를 파구巴丘에 주둔시켜 명을 기다리게 한다. 〈단도회單刀會〉 사건이 있고 나서 유비는 상수湘水를 경계로 하여 강하江夏, 장사, 계양을 손권측에 귀속시키고, 남군南郡, 영릉, 무릉을 유비 자신에게 귀속시킨다. 건안 24년 가을 7월에 유비는 한중漢中을 평정하여 스스로 한중왕漢中王으로 칭하고 관우를 전장군前將軍으로 봉한다. 8월에 관우는 우금于禁, 방덕龐德을 항복시키고, 양번襄樊의 싸움을 승리로 이끌어 그의 위세는 중원을 진동시킨

---

10 〈關羽傳〉; 從先主就劉表. 表卒, 曹公定荊州, 先主自樊將南渡江, 別遣羽乘船數百艘會江陵. 曹公追至當陽長阪, 先主斜趣漢津, 適與羽船相值, 共至夏口. 孫權遣兵佐先主拒曹公, 曹公引軍退歸. 先主收江南諸郡, 乃封拜元勳, 以羽爲襄陽太守, 蕩寇將軍, 駐江北. (陳壽, 앞의 책, 582쪽)

다. 이에 조조는 수도를 옮겨 관우의 기세를 피하려고 한다.[11]

여섯 번째 시기는 전쟁에서 패하여 죽음에 이르게 되는 시기이다. 관우의 위세가 중원을 진동시키자 조조는 동오東吳와 손을 잡고 관우를 공격한다. 조조군이 관우를 유인해내면 동오가 관우의 배후를 친다는 작전이 성공하여 관우는 나아가지도 물러나지도 못하는 상황에 처하게 된다. 게다가 미방糜芳과 부사인傅士仁이 동오에 투항해 관우를 돕지 않았고, 조조군의 서황徐晃이 형주로 진격하였으며, 동오의 여몽이 회유정책으로 촉한 군사의 사기를 와해시켜 결국 관우는 임저臨沮에서 죽음을 당하게 된다.[12]

일곱 번째 시기는 관우가 죽은 후의 시기이다. 건안 24년 겨울, 관우는 임저에서 죽고 그 다음 해 조조가 낙양洛陽에 이르자 손권이 관우의 머리를 조조에게 보내어 바친다. 유비는 관우의 시호를 장무후壯繆侯로 봉하고 아들 관흥關興이 작위를 계승한다. 그러나 그는 일찍 세상을 떠났으므로 관통關統이 작위를 계승하게 된다. 그

---

11 〈關羽傳〉；"先主西定益州, 拜羽董督荊州事. 羽聞馬超來降, ……二十四年, 先主爲漢中王, 拜羽爲前將軍, 假節鉞. 是歲, 羽率衆攻曹仁於樊. 曹公遣于禁助仁. 秋, 大霖雨, 漢水汎溢, 禁所督七軍皆沒. 禁降羽, 羽又斬將軍龐德. 梁·郟, 陸渾群盜或遙受羽印號, 爲之支黨. 羽威震華夏. 曹公議徙許都以避其銳, 司馬宣王, 蔣濟以爲關羽得志, 孫權必不願也. 可遺人勸權躡其後, 許割江南以封權, 則樊圍自解. 曹公從之."(陳壽, 앞의 책, 582-583쪽)

12 〈關羽傳〉；"先是, 權遺使爲子索羽女, 羽罵辱其使, 不許婚, 權大怒. 又南郡太守糜芳在江陵, 將軍(傅)士人屯公安, 素皆嫌羽(自)輕己. (自)羽之出軍, 芳, 仁供給軍資, 不悉相救. 羽言, '還, 當治之', 芳, 仁咸懷懼不安. 於是權陰誘芳, 仁, 芳, 仁使人迎權, 而曹公遣徐晃救曹仁, 羽不能克, 引軍退還. 權已據江陵, 盡虜羽士衆妻子, 羽軍遂散. 權遺將逆擊羽, 斬羽及子平於臨沮."(陳壽, 앞의 책, 583쪽), 〈呂蒙傳〉；"羽人還, 私相參訊, 咸知家門無恙, 見待過於平時, 故羽吏士無鬪心. 會權尋至, 羽自知孤窮, 乃走麥城, 西至漳鄉, 衆皆委羽而降. 權使朱然, 潘璋斷其徑路, 卽父子俱獲, 荊州遂定."(陳壽, 앞의 책, 781쪽)

18

는 공주를 아내로 맞이했으며 관직은 호분중랑장 虎賁中郎將 까지 올라갔다. 관통이 죽은 후 아들이 없었으므로 관흥의 서자 관이 關彝 에게 작위를 잇게 하였다.[13]

　　이상의 역사적 기록을 보면 촉한의 무장 의인 관우가 영웅적인 삶을 살다가 죽어서는 민간인들과 정부로부터 특별한 예우를 받게 되었음을 알 수 있다. 충의의 화신으로서의 관우 인물 형상은 역사서《삼국지》에서 그 기초가 제공되어진 것이었다. 특히 관우가 조조 진영에 있던 기간은 불과 7개월 정도의 짧은 시간이었지만 이때 보여준 관우의 의로운 행동, 유비에 대한 충성, 전쟁에서의 승리, 뼈에 스며든 독을 제거할 때 보여준 의연한 모습 등이 충의의 화신으로서의 관우의 진면목을 제대로 보여주고 있다.

　　결국 정사《삼국지》를 통해 살펴본 관우의 실제 모습은 충의와 의리가 투철하고, 무용과 재략이 뛰어났으며, 호탕한 성격을 소유한 호걸이었다. 이처럼 진수의《삼국지》는 후일 전 중국의 신이 된 관우가 신격화 되어지는 과정의 기본적 요인을 제공하고 있다고 할 수 있겠다.

13　〈關羽傳〉; 追諡羽曰壯繆候. 子興嗣. 興字安國, 少有令問, 丞相諸葛亮深器異之. 弱冠爲侍中, 中監軍, 數歲卒. 子統嗣, 尙公主, 官至虎賁中郎將. 卒, 無子, 以興庶子彝續封. (陳壽, 앞의 책, 584쪽)

소설 《삼국지》

삼국지문화의 핵심적 부분은 사실상 소설 《삼국지》의 내용이다. 이는 역사서 《삼국지》의 기본적 내용이 이야기화 되고 체계적 소설화 되는 과정에서 그 허구화 과정은 물론이고 당唐·송宋 시기의 보고 듣던 독자층 및 원元·명明 시기의 독자층들의 바람까지 반영된 많은 허구적 부분이 소설 《삼국지》를 더욱 흥미롭게 해주어 더 많은 대중들에게 널리 알려지게 되었기 때문이다. 이렇게 보다 나은 이야기 전개를 위한 소설화 과정에서 허구성이 가미되어 소설 《삼국지》의 주가 된 부분을 살펴보면 크게 두 가지로 나누어진다. 하나는 역사서에는 구체적 기술이 없음에도 불구하고 추측 확대하여 없는 사실을 꾸며 넣은 것이고, 다른 하나는 작은 역사적 사건을 확대하여 묘사 서술한 것이다.

완전한 허구의 가미

첫째, 도원결의桃園結義 이야기를 들 수 있겠다. 이 도원결의 이야기를 중국 사람들은 누구나 사실로 믿고 있다. 유비劉備, 관우關羽, 장비張飛는 삼국시대 촉나라의 중요한 인물들이었다. 역사서 《삼국지》를 살펴보면 이 세 사람이 공적으로는 임금과 신하, 사적으로는 형제의 관계로 지냈음을 알 수 있다.[14] 역사서 속의 간단한 기술에 바탕한 세 사람의 관계가 송宋 원대元代 이후로 민간문학 분야에서 결의의 이야기와 함께 감동적인 내용으로 미화되어 문학화되기 시작했다. 즉, 민간에서 성행한 각종 공연예술은 물론이고《삼국지평화三國志平話》등의 작품에 이르면 미화와 과장이 첨가되어지면서 서서히 도원결의의 이야기가 구체적으로 완성되어 갔던 것이다.

둘째, 관우를 치료한 화타華佗[15]의 이야기를 들 수 있겠다. 소설《삼국지》를 보면 천하의 명의 화타가 등장하여 관우와 조조, 두 영웅을 치료한다. 이 중 관우를 치료한 이야기[16]는 소설에서 꾸며진 완전한 허구이다. 또한 관우가 실제 화살을 맞아 다친 팔은 왼쪽이

---

14 《三國志》卷36〈蜀書 · 關羽傳〉, 앞의 책, 939쪽 ; "先主與二人寢則同床, 恩若兄弟.",《三國志》卷36〈蜀書 · 張飛傳〉, 앞의 책, 943쪽 ; "張飛字翼德, 涿郡人也, 少與關羽俱事先主. 羽年長數歲, 飛兄事之.",《三國志》卷14〈魏書 · 劉曄傳〉, 앞의 책, 441쪽 ; "關羽與備, 義爲君臣, 恩猶父子."

15 《三國志》卷29〈魏書 · 華佗傳〉, 앞의 책, 799쪽 ; "華佗字元化, 沛國譙人也, 一名専. 游學徐土, 兼通數經. 沛相陳珪擧孝廉, 太尉黃琓辟, 皆不就. 曉養性之術, 時人以爲年且百歲而貌有壯容. 又精方藥."

16 羅貫中,《三国演义》(北京, 人民文學出版社, 2001), 75回, 377쪽 참조.

지만,[17] 소설 속에서는 오른쪽 팔로 묘사되어 있는 것[18]도 소설에서 완전히 꾸며놓은 것이다.

역사적 사실의 확대

첫째, 적벽대전赤壁大戰 이야기를 들 수 있겠다. 적벽대전에서 조조가 패배한 원인은 소설《삼국지》에서의 서술처럼 화공에 있었을 뿐만 아니라[19] 당시의 풍토병에 북방의 군사들이 적응을 하지 못했기 때문이다.[20] 소설에서 묘사한 적벽대전은, 기본적으로 역사적 사실과 부합하지만, 사실과 달리 허구적 요소가 적지 않다. 역사서 《삼국지》의 기록[21]을 살펴보면 "초선차전草船借箭"의 주인공은 제갈량諸葛亮이 아니고 손권이었다. 이는 역사적 사실을 이야기의 흥미로운 전개를 위해 확대해 놓은 것이라 할 수 있겠다. 이로 인해 오늘날까지도 삼국지문화 속에서는 제갈량을 "초선차전草船借箭"의 주인

---

17   《三國志》卷36〈蜀書·關羽傳〉, 앞의 책, 941쪽 : "羽嘗爲流矢所中, 貫其左臂, 後創雖愈, 每至陰雨, 骨常疼痛."

18   《三國演義》74回, 앞의 책, 376쪽 ; "公急勒馬回時, 右臂上中一弩箭, 翻身落馬.",《三國演義》75回, 앞의 책, 377쪽 ; "原來箭頭有藥, 毒已入骨, 右臂靑腫, 不能運動.", "某等因見君侯右臂損傷, 恐臨敵致怒, 衝突不便. 衆議可暫班師回荊州調理."

19   《三國志》卷54〈吳書·周瑜傳〉, 앞의 책, 1262-1263쪽 ; "瑜部將黃蓋曰 : '今寇衆我寡, 難與持久, 然觀操軍船艦首尾相接, 可燒而走也.' …… 蓋放諸船, 同時發火."

20   《三國志》卷1〈魏書·武帝紀〉, 앞의 책, 31쪽 : "公至赤壁, 與備戰, 不利. 於是大疫吏士多死者, 乃引軍還."

21   《三國志》卷47〈吳書·吳主傳〉, 앞의 책, 1119쪽 ; "權乘大船來觀軍, 公使弓弩亂發, 箭著其船, 船偏重將覆, 權因迴船, 復以一面受箭, 箭均船平, 乃還."

초선차전(草船借箭)의 주인공
제갈량을 낳은 적벽의 관문

공으로 알고 있다.

둘째, 청매정 青梅亭 이야기를 들 수 있겠다. 사실 역사상엔 조조
와 유비가 영웅의 일을 논한 사실이 역사서《삼국지》에 단지 몇 구
절이 있을 뿐이다.[22] 하지만 소설《삼국지》에서는 이 일을 매우 생동
감 있게 확대 묘사하며 그 흥미를 더해주고 있다.[23]

이 외에도 소설《삼국지》에는 많은 부분에서 역사적 사실을 확
대하여 허구화한 수많은 얘기가 있다.[24] 이는 이야기의 재미를 위해
서이거나 또는 인물의 성격을 개성화시키기 위해서이거나, 독자들
의 염원을 반영하기 위한 목적에서의 작자의 의도적 기술이라고 할
수 있겠다. 이는 바로 역사소설의 소설적 예술성의 장점이자 한계
이기도 하다. 소설《삼국지》의 이러한 부분이 중국 삼국지문화에 고
스란히 한 부분으로 남아 큰 틀을 형성하고 있는 것이다.

22   《三國志》卷32〈蜀書·先主傳〉, 앞의 책, p.875 ; "是時曹公從容謂先主曰 '今天下英雄, 唯使君
      與操耳. 本初之徒, 不足數也.' 先主方食, 失匕箸."
23   《三國演義》21回, 앞의 책, 110쪽 참조.
24   沈伯俊,《三國漫談》(巴蜀書社, 1995) 참조.

포용적 중국문화 속의 관우

삼국지는 관우가 중심

관우는 오늘날 중국에서 소설《삼국지》에서의 모습처럼 용맹이 뛰어나고 지략을 갖춘 훌륭한 영웅의 수준을 훨씬 뛰어넘어 신으로 추앙받고 있다. 이처럼 관우를 신으로 모시는 현상은 전 중국에 걸친 보편적인 것으로 삼국지문화의 핵심이라 하겠다. 사실 중국의 어지간한 도시나 마을에는 어김없이 관우 사당이 있고, 웬만한 상점이나 식당의 입구에는 관우상이 모셔져 있다.

그동안 중국에서는 역사적으로 두 사람이 성인으로 추앙되어져 왔는데, 한 사람은 공자이고, 다른 한 사람이 관우이다. 공자는 문성 文聖 으로, 관우는 무성 武聖 으로 대접받아 왔던 것이다. 공자는 사대부 문인들을 중심으로 성인 대접을 받은 반면에 관우는 공자와 어깨를 나란히 하며 민간인들을 중심으로 성인으로 모셔져 왔다. 중국에서는 성인의 무덤을 림林 이라고 한다. 그래서 지금까지도 공자의 무덤을 공림孔林, 관우의 무덤을 관림關林 이라고 하는 것이다.[25] 이런 무성 관우가 언제부터인지 인간의 영역을 뛰어넘어 신의 지위로 격상되었다.

역사 속에서 촉한의 일개 장수에 지나지 않았던 관우는 이미 송나라 때부터 중국의 민간에서 서서히 특별한 존재로 부각되어지고 있었다. 실제로 관우는 219년 형주에서 죽었고, 관우가 죽자 유비는 그를 장무후壯繆侯 에 봉하였다. 그러다 약 천년 후 송대에 이르러 관우는 무안왕武安王 으로 봉해졌다가, 명대 만력 시기에는 다시 나라를 지키는 충의대제忠義大帝 에 봉해져, 천자와 동일한 지위에까지 오르게 된다.[26]

관우는 평생 동안 주군 유비를 모시며 충성을 다하였다. 임금의 입장에서는 모든 신하가 관우만큼 충성을 다해 준다면 그보다 더 바랄 것이 없었다. 이런 이유로 송대 이후 중국의 봉건통치자들은 정치적인 목적에서 관우를 충의의 화신으로 내세우며 끊임없이 그를 미화하였다.[27] 특히 명대에 이르러 본격적으로 신격화되기 시작해 청대에는 절정에 이르게 되어 호국지신護國之神 이 된다. 이런 과정에서 중국의 민간인들은 관우를 후侯 에서 왕王 으로 칭하고, 대

---

25 《三國勝迹遍神州》, (中央人民廣播電台《祖國各地》節目組編, 1985), 127쪽 참조.
26 박신영, 《三國演義의 關羽 형상화가 그 神格化에 끼친 영향》(부산대 석사논문, 2004), 1-2쪽. 《三國勝迹遍神州》, 앞의 책, 122쪽. 등 참조.
27 曹大良 編著, 《三國人物風雲榜》(北京, 農村讀物出版社, 2002), 221쪽. 《三國勝迹遍神州》, 앞의 책, 127쪽. 등 참조.

제 大帝 로 모시며, 무성인 武聖人 으로 추앙하다, 결국에는 재물과 장사를 관장하는 무신 武神 으로 떠받들며 중국 방방곡곡에 큰 사당을 짓고 그를 기리며 제사를 지내게 된다.[28]

청대에 이르러 관제묘가 전 중국에 널리 보급되었는데, 그 영향으로 지금 북경지역만 해도 어렵지 않게 관우 사당을 만날 수 있다. 명·청 이전에는 공자의 문묘가 전국 각지에 있었는데, 명·청 이후에는 관우의 무묘가 전국의 도시는 물론 향촌에까지 있게 되어 그 규모나 수량이 공자의 문묘를 뛰어넘었다.[29] 심지어 중국은 물론 세계 각국에까지 퍼져 있을 정도이다.[30]

특히 신으로 추앙받는 것은 관우의 고향인 운성 運城 지역 상인을 비롯한 중국 각지의 상인들과 깊은 관계가 있는 듯하다. 중국 북쪽지방 상권의 중심에 운성 지역 상인들이 있었는데, 이들이 남쪽지역 상인들과 거래를 하는 과정에서 자연스레 자기 고장 출신인 관우에 대한 추존의 모습을 전하였던 것이다.[31] 소설《삼국지》를 통해 보다 구체적으로 형상화되어져 민간에 알려진 관우의 모습은 평생 신의를 지킨 의인이었다. 이런 까닭에 상거래에 있어 신용을 중시하는 중국의 상인들이 관우를 더 높은 지위에 올렸고, 이후에는 관우가 재물을 관장하는 신이 되어버렸다.

삼국지문화 속의 관우와 관련된 여러 이야기가 소설《삼국지》

---

28 侯學金 主編, 앞의 책, 66쪽 참조.
29 曲徑 王衛 主編,《三國人物古今談》(中國 沈陽, 遼海出版社, 2003), 239쪽 참조.
30 侯學金 主編, 앞의 책, 267-285쪽 참조.
31 김문경,《삼국지의 영광》(서울, 사계절, 2002), 168-169쪽 참조.

를 통해 본격적으로 알려진 것이긴 하나 사실 원말 명초에 완성된 소설에 앞서 관우는 이미 그 전에 민간에서 영웅으로 추앙받고 있었다. 당대에 이미 민간에는 삼국지와 관련된 여러 이야기가 있었고, 송대에는 민간에서 유행한 각종 연예와 공연예술을 통해 설화인과 기예인들에 의해 '설화說話'화 되었다. 이런 바탕 하에 소설 《삼국지》가 구체적 소설의 형태를 갖추며 문학화 되는 과정에 편찬자 나관중이 독자들의 염원에 의해 의도적으로 관우의 형상를 더 미화시켰고, 이는 또 다시 더 많은 독자들에게 감동을 자아내 관우가 신격화되는 토대가 되었다.

이처럼 관우의 신격화는 바로 중국 민간인들의 바람이 반영된 것이며 오랜 역사성을 지니고 있는 것이다. 이러다 보니 자연히 중국 민간인들의 생각과 모습이 고스란히 반영된 삼국지문화 속에는 관우의 위치가 절대적일 수밖에 없다. 중국 각지에 퍼져 있는 삼국지문화 유적의 상당수가 관우와 관계된 것이며, 삼국지문화 속의 많은 이야기가 관우와 관련되어 전해져 오고 있다. 동시에 이들을 둘러싼 해설 역시 '관우 신격화' 작업의 차원에서 이루어지고 있는 것이다.

결국 역사 속의 한 인물이 민간인들 가슴속의 신이 되어 그들의 마음을 지배하며, 문화현상의 중심에까지 자리하게 된 것이다. 그래서 중국의 삼국지문화는 관우와 떨어져서 존재할 수 없는 관우 중심적인 문화라고 할 수 있다.

종합적 포용적 삼국지문화

중국의 삼국지문화 속에 도교 · 불교 · 유교문화가 공존하고 있다는 점은 특이하다. 삼국지문화의 기본적 역사관점은 촉한 중심적이다. 하지만 민간의 종교 사상적 측면에서 들여다보면 오늘날 존재하고 있는 중국의 삼국지문화는 촉한 중심에서 벗어나고 있고 동시에 유교 중심에서 벗어나고 있으며 전체적 성격이 종합적이고 포용적임을 알 수 있다. 실제 삼국지문화 현장 답사를 통해 확인해 본 바를 살펴보면 잘 알 수 있다.

허창시許昌市 장공사張公祠

오늘날 중국 하남성 허창시는 삼국시대 당시 조조의 위나라 수도였다. 조조의 심장부 허창에 장공사라는 적장 장비의 사당이 있다. 서기 196년, 한나라 헌제獻帝가 조조의 강권에 의해 낙양에서 허창으로 도읍을 옮긴 이후, 조조의 아들 조비曹丕가 황제의 보위를 빼앗아 다시 낙양으로 도읍을 옮길 때까지 허창은 25년간 한위漢魏의 수도였다. 그래서 이 허창 지역에는 지금도 많은 삼국문화 유적이 남겨져 있지만, 그 대부분은 위나라와 관련된 유적들이다.[32]

그렇다면 어떻게 위나라의 수도에 적장 장비의 사당이 남아 있게 되었을까? 소설 《삼국지》에서는 그 유명한 장판파長板坡 전투에서 장비가 홀로 당양교當陽橋에 서서 조조의 대군을 물리친 부분을

---

32   史友仁 等編, 앞의 책 참조.

서술하면서 그의 용맹스러운 기개를 사실적으로 잘 묘사하여 형상
화하고 있다. 조조의 군사 수가 많은 것은 둘째치고라도 이전李典 ·
하후돈夏候惇 · 허저許褚 등 내로라하는 용맹스런 장수들이 모두 조
조의 곁에 있었음에도 장비 한 사람의 기세를 이기지 못해 다투어
도망쳤던 것이다.[33] 이렇게 세상 사람의 간담을 서늘하게 만들었던
천하의 호걸 장비는 특히 적지인 위나라 사람들에게 더 인상적이었
으며, 동시에 그가 본시 북방 연燕나라 사람이었기에 그들에게는
장비가 자랑스런 인물로 생각되었던 것이다. 그런 까닭에 지금까지
도 조조의 심장부였던 허창에 촉나라 장수 장비를 모셔놓은 사당이
남겨져 있는 것이다. 바로 이것이 허창의 장공사이다.

장비는 소설《삼국지》에서 앞뒤 재지 않고 즉흥적으로 행동하
는 급한 성격의 소유자인데다 술을 지나치게 좋아하는 장수로 묘사
되어 있다.[34] 이는 소설에서 장비라는 인물의 전형을 창출하기 위해
작가가 그의 힘과 급한 성격 등을 집중 부각시켜 아무 생각 없이 힘
만 믿고 설치는 장수로 형상화시켜 놓았기 때문이다. 그러나 다른
대목[35]을 자세히 살펴보면 장비는 용맹에다 나름대로 지략을 갖춘
장수이었기에 고향사람들에게는 더욱 큰 자랑거리였을 것이다.

이 장공사는 장비와 함께 부처도 모시면서 포청천包青天까지

33 　《三國演義》42回, 앞의 책, 214-215쪽.
34 　소설《삼국지》제14회에서 장비는 서주성에서 술을 자제하지 못하고 경계를 게을리 하다 여
　　 포(呂布)에게 기습당하였고, 심지어 제81회에서는 결국 술로 인해 비참하게 생을 마감하고
　　 만 장수로 묘사되어 있다.
35 　소설《삼국지》제42회 장판파 전투나, 제63회 사천에서 적장 엄안(嚴顏)을 사로잡는 과정에
　　 서는 지략을 갖춘 훌륭한 장수로 묘사되어 있다.

모셔 놓은 사당이라는 점이 특이하다. 장공사 안에는 장비를 모신 전각과 함께 부처를 모신 법당과 포청천을 모셔놓은 전각이 나란히 너무나 자연스레 어우러져 있다. 그래서 이 장공사를 포공묘包公廟라고 부르기도 한다.

본래 이 사당은 촉나라 장수 장비를 모신 곳이었다. 그러다 어느날 법당이 들어서고 또 청대부터는 당시 민간의 존경을 한 몸에 받던 포청천도 이곳에 함께 모셔졌다.[36] 즉 삼국 문화에다 위魏·진晉 이후의 불교 문화, 송대 이후의 포청천에 대한 민간인들의 존경심이 모두 이 한곳에 어우러진 것이다. 촉나라 장수 장비를 위나라 사람들이 모셔놓은 것이나, 전혀 다른 종교적 이념을 지닌 사당이 같은 곳에 나란히 있는 것 등이 매우 특이한 점이라 하겠다. 중국의 전통 유가·도가·불가 사상이 민간인들의 염원이 담긴 삼국지 문화 속에서는 자연스레 함께 수용되어져 왔음을 보여준다.

오림촌烏林村 조공사曹公祠

오늘날 중국 호북성 홍호현의 남동쪽 오림촌에는 조조를 모셔놓은 조공사라는 사당이 있다. 이곳 오림촌은 적벽대전 전투지로서 조조군의 진영이 있던 곳이다. 전통적으로 오에 속하는 지역이었으나, 적벽대전 당시에는 장강을 사이에 두고 조조군이 유비·손권 연합군과 대치하였던 곳이다. 오림은 전략상 중요한 지역이었다. 조조군의 진영에서 북으로 통하는 길목이었기에 후방 북쪽에서 오는

---

36 史友仁 等編, 앞의 책, 40쪽 참조.

식량과 보급품을 저장해두는 곳이었다.

　조조군은 결국 이 적벽대전 전투에서 대패를 하고 북으로 패주
하였다. 그래서 이 오림은 조조군에게는 참패의 현장이고, 유비 ·
손권 연합군에게는 승리의 장소이다. 이 적벽대전은 오림을 비롯한
주변의 여러 곳에 많은 유적을 남겨놓았다. 오림 지역에는 조조만曹
操灣, 홍혈항紅血巷, 만인갱萬人坑 등의 적벽대전 때의 조조군과 관련
된 유적들이 아직 남아 있기도 하다.[37] 이 중 주목을 끄는 것이 바로
오림촌 조공사인 것이다. 왜냐하면 강대한 조조군이 참담한 패배를
맛본 치욕의 전투장이었고, 오에 속한 지역임에도 불구하고 오늘날
까지 대패한 적장 조조를 모시는 사당이 남아 있기 때문이다.

　오늘날 이곳 오림촌을 가보면 끝없이 펼쳐진 들판 가운데 약

37　蔡遠雄 劉衛祖 陳連生 等,《三國勝迹湖北多》(武漢, 湖北人民出版社, 1985), 123쪽 참조. 남덕
　　현, 앞의 책, 164-166쪽 참조.

간 구릉이 져서 부근 지역보다는 다소 높아 보이고, 마을 뒤쪽으로는 짙은 숲이 보이는 전형적인 한적한 시골 마을인데, 마을 입구에 붉은 글씨로 오림채 烏林寨 라고 새겨진 비석이 하나 있다. 이 비석의 우측에 조조를 모신 조공사라는 작은 사당이 있다. 이 사당은 문화대혁명 때에 훼손되었다가 최근에 보수된 것이라고 한다.

　　사실 여부와 관계없이 소설의 영향으로 인해 적벽대전이 지금까지도 세상에 알려지기로는 오의 장수 주유 周瑜 와 방통 龐統 , 제갈량 등이 맹활약을 하여, 화공으로 조조의 백만대군을 불사른 것으로 되어 있다. 그러니 주유, 제갈량 등이 당연히 전쟁영웅으로 떠받들어져야 할 것이다. 물론 오림과 장강을 사이에 두고 북쪽에 위치한 호북성 적벽시 쪽의 적벽대전 유적지에는 적벽공원이 조성되어 커다란 주유의 동상이 세워져 있기는 하다. 하지만 최근 문화대혁명을 거치면서 이 사당이 훼손되어버려 잊어버릴 법도 한데, 민간인들이 다시 보수하여 조상 대대로 계속하여 조조를 모시는 것을 보면 이는 가히 문화적 전통이라 할 수 있겠다.[38]

　　이처럼 위나라 지역에서 적장 장비가 모셔지고 있고, 오나라 지

조조를 모신 조공사

조조 조각상

역에서 조조가 모셔지고 있는 것에서 알 수 있듯이 중국의 삼국지
문화는 결코 배타적이지 않고 대단히 종합적이고 포용적이라 하겠
다. 역사는 승자의 기록이라고 하지만 승리한 자만을 기리는 것이
아니고, 패배한 적장을 아직까지도 기억하고 제사지내며 모시는 것
을 보면 중국의 삼국지문화가 얼마나 포용적인가를 알 수 있게 해
준다.

---

38   오늘날 존재하고 있는 이 사당은 문화대혁명 때에 훼손되었다가 최근에 보수된 것이며, 이
      사당을 지키는 사람들은 모두가 증(曾)씨이며 조상 대대로 조조를 숭배해 왔다고 한다. 그리
      고 지금도 하루에 여러 차례 조조에게 제를 올리고 있으며, 그 운영비용도 그들 스스로가 조
      달한다고 한다.

삼국지와 지역 문화

　오늘날 중국의 삼국지문화는 그 밑바탕에 자신의 지역에 대한 문화적 자부심이 깔려 있다. 따지고 보면 위·촉·오 삼국이 직접 위치했던 중국의 많은 공간이 삼국지문화 유적의 현장이고, 이후 확대되어진 중국의 모든 영토와 주변이 간접적인 삼국지문화의 영향권이라 할 수 있다. 다시 말해 전 중국이 삼국지문화의 문화적 영역권이라 할 수 있는 것이다. 그래서 중국의 민간인들은 예로부터 자기 고장에 삼국지문화 유적이 있거나, 삼국지문화 속의 인물이 자기 출신이라는 점에 대해 대단한 자부심을 지녀왔었다. 이런 까닭에 지역별로 자신들의 삼국지문화에 대한 이해와 인식이 다양하였으며, 자부심 또한 엄청난 수준이었다.

적벽 赤壁

먼저 적벽대전의 장소라고 주장하는 중국 각 지방의 문화유적에 대한 자부심을 살펴보자. 지금 중국에는 두 곳의 적벽이 존재하고 있다. 하나는 삼국시대 최대의 격전장이었던 오늘날 호북성 적벽시의 적벽이 있고, 다른 하나는 송대 최대의 문호였던 소동파蘇東坡가 유배시절 객과 더불어 배를 띄워 놀며 명문장 적벽부赤壁賦를 지었던 오늘날 호북성 황강현黃岡縣에 있는 적벽이 있다. 그래서 오늘날 중국인들은 이 소동파가 노닐며 지은 '적벽부'로 인해서 이곳을 문적벽文赤壁이라 부르고, 삼국지 전쟁터였던 적벽시의 적벽을 무적벽武赤壁이라고 부른다.[39]

그런데 오늘날 중국에서는 전쟁터 무적벽이 바로 자신들의 고장이라고 여러 지역에서 주장하고 있다. 사실 '적벽'의 유래는 다음과 같다. 오림과 적벽은 장강 하나를 사이에 두고 마주보고 있다. 당시 장강 남쪽 강변의 산 쪽은 손권과 유비가 군대를 주둔시킨 장소였고, 강의 북쪽에 있는 오림에 조조가 군대를 주둔시켰다. 손권과 유비의 연합군은 화공을 써서 먼저 강에 있는 조조군의 전투선을 불태워버린 다음, 이어 북쪽 강변의 오림에까지 불을 놓았다. 당시 오림 일대는 고목이 하늘 높이 치솟아 있는 원시림이었으나, 그때 불타 잿더미가 되었다. 당시 활활 타오르던 불이 장강 남쪽 강변의 절벽을 붉게 비추었기 때문에 이 절벽을 적벽이라 부르고 그 산

---

39 《三國勝迹遍神州》, 앞의 책, 52-53쪽 참조

유비와 손권에게 승리를 안겨준 적벽

을 적벽산이라 부르게 되었던 것이다.[40]

　이 적벽대전의 전쟁터가 수당隋唐 이래로 내려오면서, 호북성 장강 일대에는 저마다 적벽대전의 장소라고 주장하는 적벽이 한 때는 포기蒲圻, 무창武昌, 한천漢川, 한양漢陽 과 황주黃州 의 무려 다섯 곳이나 되었다고 한다.[41] 지금은 정부의 주도하에 고증을 통해 포기지역으로 정하고 아예 적벽시로 행정적 지명 정리까지 한 상태이다. 현재 무적벽 유적은 호북성 적벽시의 서북쪽 40km 지점의 장강 남쪽 강변에 적벽공원으로 조성되어져 있다.[42] 이처럼 5개의 적벽이 존재하다 적벽시로 정리해야만 할 정도로 중국의 민간인들은 자신의 지역이 삼국지문화와 관계되기를 원했고, 이런 관련성에 대해 대단한 긍지와 자부심을 지녔다고 한다.

40　蔡遠雄 等, 앞의 책, 119쪽 참조.
41　《三國勝迹遍神州》, 앞의 책, 52쪽.
42　남덕현, 앞의 책, 179-182쪽 참조.

융중 隆中

중국에는 제갈량의 젊은 시절 거처였던 융중이 두 곳 있다. 하나는 호북성 양번시 襄樊市 의 고융중이고, 다른 하나는 하남성 남양시 南陽市 의 와룡강 臥龍崗 이다.

역사적 기록에 근거하여 제갈량의 삶을 살펴보면, 제갈량은 서기 181년 산동성 기수현 沂水縣 에서 태어났다. 어려서 부모가 일찍 죽고 그의 형 제갈근 諸葛瑾, 동생 제갈균 諸葛均 그리고 두 누이와 함께 숙부 제갈현 諸葛玄 의 부양을 받게 된다. 14세 때 숙부를 따라 양양 襄陽 으로 오게 되고, 17세에 숙부가 죽자 융중으로 들어가 초가집을 몇 칸 짓고 은거하며 한편으로 밭 갈고 한편으로 책을 읽으며 10년을 살았다고 한다. 어려서부터 재능이 남달랐던 그는 이 기간 동안에 항상 명사와 어울려 학문을 연구하고 토론하였는데, 그의 재능과 학식은 이미 세상 사람의 주목을 끌어 '와룡'의 칭호가 널리 알려져 있었다. 후에 사마휘 司馬徽 와 서서 徐庶 에 의해 유비에게 추천되어지고, 유비는 그의 지혜를 구하기 위해 여러 차례 융중 초가집으로 찾아갔다. 서기 207년 27세의 나이에 그는 유비의 삼고초려에 감동하여 천하통일의 부푼 꿈을 안고 융중을 나서 파란만장한 그의 정치 생애를 시작하게 된다. 이때 세상으로 나와 54세에 오장원 五丈原 에서 병으로 생을 마치게 된다.[43]

---

43   蔡遠雄 等, 앞의 책, 1-2쪽. 譚良嘯 主編,《武侯祠大觀》(成都, 四川人民出版社, 1988) 224-229쪽 참조.

소설《삼국지》를 보면 제갈량은 정말 세상에 한 번 존재할까 말까할 정도의 전지전능한 특출한 인물로 묘사되어 있다. 이로 인해 제갈공명은 중국인들의 마음속에 이미 지혜의 화신으로 자리잡고 있다. 그래서 역사상의 제갈량이란 인물 자체에 대한 관심은 물론이고 그의 발자취가 스쳐간 삶의 유적 등은 예로부터 모든 사람의 관심의 대상이었다. 이 제갈량의 젊은 시절 거처가 바로 융중인데, 지금 중국 호북성 양번시 양양襄陽 의 남쪽에 위치하고 있다.

이 융중은 제갈량이 아름다운 청년시절을 보냈던 곳으로 천하를 손바닥에 두고 움직였던 그의 정치사상은 바로 이 시기에 형성되었다고 할 수 있다. 그래서 후세 중국인들은 그가 머물렀던 융중시절의 흔적과 자취를 보존해 그를 기리고자 하였다. 이에 융중에는 제갈량이 세상을 떠나고 얼마 되지 않은 진晉 대부터 기념적 성격의 건축물이 들어서기 시작하여 오늘날까지도 보수를 거듭하며 보존되고 있다.

그러나 흥미 있는 것은 지금 중국에는 또 하나의 융중이 있다는 것이다. 하남성 남양시의 와룡강이 제갈량이 살았던 융중이라고 주장하는 것이다. 제갈량은 그가 유선劉禪 에게 올린 출사표出師表 에서 '제가 베옷 입고 남양 땅에서 밭 갈고 있을 적에.'[44]라고 했는데, 이 남양 땅이 지금의 하남성 남양시라고 주장하는 것이다. 허나 이 때의 남양 땅은 당시의 남양군郡 을 가리키는 말이다. 삼국시대의 남양군은 그 관할 지역이 현재의 호북성 북부를 포함하는 대단히

44 　諸葛亮,〈出師表〉: '臣本布衣, 躬耕於南陽"

넓은 범위였다. 그때 이 양양의 융중은 남양군 등현鄧縣 의 한 산촌이었던 것이다. 정확한 사실 여부를 알 수는 없으나 옛 문헌 속의 남양은 고대의 남양군 지역을 지칭하는 것으로 오늘날 하남성 남양시를 가리키는 것은 아닌 듯하나 남양시 사람들은 유적지를 조성해 놓고 제갈량을 추존하며 삼국지문화 중심지의 하나라고 자부하고 있다.[45]

어쨌든 중국인에게 있어 제갈량을 사모하고 기리는 마음은 한 시대 한 지역에 국한되는 것이 아니고 가히 시대와 지역을 초월한 중국 삼국지문화 속의 전반적 문화현상임을 알 수 있다.

관우의 무덤

지금 중국에는 관우의 무덤이 두 개 있다. 하나는 하남성河南省 낙양시洛陽市 에 있는 관림關林 이고, 다른 하나는 호북성湖北省 당양시當陽市 의 관릉關陵 이다. 관림은 관우의 머리가 묻힌 곳이고, 관릉은 관우의 머리 없는 시신이 묻힌 곳이다.

관우의 죽음과 그의 시신 처리에 관한 당시의 역사적 기록을 살펴보면 대략 다음과 같다. 서기 219년, 건안建安 24년에 손권이 형주를 공격하여 강릉을 차지하고 장수들을 보내 관우를 공격하여

---

45   李中杰 主編,《名城南陽》(北京, 經濟日報出版社, 1991) 참조.

(좌) 관우의 머리

(우) 관릉

당양까지 추격하게 하였다. 관우와 그 아들 관평關平을 사로잡은 다음 그들을 지금 원안현遠安縣의 서쪽인 임저臨沮에서 참하고는 유비가 군대를 일으켜 보복할까 두려워 한편으로 관우의 머리를 조조에게 바쳐 화를 그에게 떠넘기려 하였고, 또 한편으로는 제후의 예를 갖추어 장사지내고 그의 시신을 당양 고장향古漳鄕에 묻어 주었다. 한편 관우의 머리를 받은 조조는 동오의 이러한 계략을 파악하고는 이에 말려들지 않으려 했다. 그래서 그도 제후의 예를 갖추어 장사지낸 다음 관우의 머리를 낙양의 남문 밖 명당자리에다 묻어 주어 유비와의 불필요한 충돌을 피했던 것이다. 이렇게 하여 관우는 손권과 조조에 의해 그 무덤이 두 개가 되어 버렸다.[46]

지금 호북성 당양시의 서쪽 편에 그 유명한 전쟁터 장판파가 있고, 이곳의 서쪽 약 3km 지점에 규모가 상당히 큰 관릉이 있다.

---

46   蔡遠雄 等, 앞의 책, 48-49쪽 참조.

바로 이곳이 관우의 몸뚱이가 묻힌 곳이다. 그리고 중국 하남성 낙양시의 남쪽에는 관우의 머리가 묻힌 무덤 관림이 있다. 옛날 중국에서는 제왕의 무덤을 릉陵 이라 하고 왕후의 무덤은 총冢, 일반 백성의 무덤은 분墳, 성인의 무덤을 림林 이라고 불렀다.[47] 그래서 이곳의 관우 무덤을 관림이라 부르는 것이다.

도원결의 장소

같은 지역이라 하더라도 서로가 정통이라고 주장하는 곳이 있다. 바로 소설《삼국지》에서 삼국지문화 속으로 삽입된 도원결의 장소를 두고 하남성 탁주 시내에 있는 두 장소가 서로 도원결의의 장소라고 주장하고 있는 곳이다.[48] 탁주시의 '삼의궁三義宮'과 '충의점忠義店'이 바로 그곳이다.

유비, 관우, 장비의 도원결의 이야기는 소설《삼국지》의 영향으로 인해 중국의 민간에서는 의심할 여지가 없는 사실로 간주되어 왔다. 소설《삼국지》1회를 보면 장비의 집 뒤쪽의 도원에서 결의를 한 것으로 되어 있다. 유비와 장비의 고향은 지금 중국의 하북성 탁주시涿州市 이다. 이 탁주시 루상묘촌樓桑廟村 에 가면 수隋 대 때 건립되었다고 하는 '삼의궁三義宮'이라는 곳이 있다. 이곳 사람들은 널

---

47   《三國勝迹遍神州》, 앞의 책, 127쪽.
48   桂郁 主編,《樓桑三義宮》(涿州歷史文化叢書, 2001年9月) 참조.

찍한 도원은 물론이고 도원결의 기념비까지 세워놓고서 바로 도원결의의 장소라고 주장하고 있다.

　그러나 같은 지역인 탁주시 서남쪽에 있는 장비의 고향마을 충의점촌忠義店村 에는 장비의 집을 복원하여 뜰에 삼형제가 결의하는 조각상까지 마련해 놓고는 도원결의의 장소가 이곳이라고 주장하고 있다. 왜냐하면 소설《삼국지》에 분명히 장비의 집 뒤쪽 도원이라고 되어 있기 때문에 사실 여부에 관계없이 당연히 장비의 고향 집이 도원결의의 장소라는 것이다.

　이 또한 중국인들의 고장 마을 문화에 대한 자부심에 바탕하는 것으로 서로가 이야기의 허구성 여부와는 관계없이 그 이야기가 중국 민간인들의 삼국지문화 속에 존재하는 한 그 장소는 각기 자기 마을이어야 한다는 것이다.

삼국지문화의 중심지

　심지어 삼국지문화의 중심이 어디가 되어야 하느냐 하는 점에 대해서도 한치의 양보도 없는 두 곳이 있다. 삼국지문화의 핵심인 관우 문화와의 관련성을 내세운 호북성 형주시荊州市 와 산서성 山西省 운성運城 이 바로 그곳이다.

　《삼국연의》120회 중에서 형주에서 진행되거나 형주가 언급되거나 형주와 관련된 곳이 82회나 되며, 관우가 10년간이나 형주를 지켰다는 점으로 인해 뭐니 뭐니 해도 삼국지문화의 중심은 형주라

관우 나무

는 것이다.

소설《삼국지》를 읽어보면 결국 제갈량의 아이디어에 의해 유비는 동오로부터 형주를 빌리는데 성공하게 된다. 이때부터 사실상 형주는 촉의 관할이 되었으며, 유비는 이 형주를 빌려 천하를 삼분하게 된다. 유비가 사천 지역을 얻어 완전히 천하를 삼분하게 된 후 이 형주는 유비의 오른팔인 관우에게 맡겨진다. 관우는 형주를 10년간 지키게 되는데 이때 형주성이 지어지게 된다. 이 형주 지역에는 크고 작은 많은 삼국지문화 유적이 있는데, 오랜 세월을 거치는 동안 역사서 혹은 민간인들의 가슴속에 그 이름과 전설만을 남긴 채 사라져 갔다. 그러나 오늘날까지도 관제묘關帝廟, 행군과行軍鍋, 석마조石馬槽, 춘추각春秋閣, 괄골료독처 刮骨療毒處 등의 여러 유적이 남아 있다.[49] 이것들이 모두 관우와 관계있는 유적들이니 형주와 관우는 보통 인연이 아니며, 이런 까닭에 이 지역 사람들의 관우 사랑

---

49   남덕현, 앞의 책, 99-121쪽 참조.

은 남다를 수밖에 없는 것이다.

관우의 고향은 지금의 중국 산서성 운성이다. 이곳에는 전 중국에서 제일 규모가 큰 해주관제묘가 있다. 그러니 중국 민간인들의 신으로 떠받들어지고 있는 관우의 고향인 운성이 당연히 삼국지문화의 중심이고 관우 사랑의 본고장이 되어야 한다는 주장이다.

사실 운성은 관우의 출생지이다. 소설《삼국지》에서 관우는 유비에게 자신의 고향이 하동 해량이라고 소개하고 있다. 이 하동이 바로 지금의 산서성 운성을 가리키는 것이다. 즉 지금 중국의 산서성 운성시 해주진解州鎭 상평촌常平村이 관우의 고향이다. 이곳은 운성시 동남쪽 10km 지점에 위치해 있다.[50] 사실 관우는 189년에 고향을 떠나 219년 58세로 당양에서 생을 마감할 때까지 끝내 고향 땅을 다시 밟지 못하였다. 실제로 중국에는 관림과 관릉이라는 두

50 　侯學金 主編, 앞의 책, 1쪽 참조.

개의 관우 무덤이 있다. 그러나 이곳 관우의 고향 운성사람들은 관우의 무덤이 세 개라고 주장한다. 즉 몸은 당양에 묻히고, 머리는 하남성 낙양에 묻혔으나, 관우의 영혼은 이곳 산서성 운성의 고향으로 돌아와 묻혔다고 생각하는 것이다.[51]

이 운성사람들은 온 중국 사람들이 떠받들어 모시는 관우신이 바로 이 고장 출신이라는 것에 대해 그야말로 특별한 자부심을 지니고 있다. 그래서 운성에는 두 개의 의미 있는 관우 사당이 일찍부터 지어졌었다. 하나는 그의 고향 마을에 있는 상평관제묘이고, 다른 하나는 해주관제묘이다. 상평관제묘는 관우는 물론이고 그 집안 조상까지 모셔놓은 관우 집안 사당이다. 해주관제묘는 중국의 수많은 관우 사당 중 가장 규모가 큰 관제묘이다.[52]

이렇듯 운성 사람들의 관우 사랑은 특별하다. 그러다 보니 운성 사람들은 삼국지문화의 중심이 당연히 운성이 되어야만 한다고 주장하는 것이다.

---

51   蔡遠雄 等, 앞의 책, 48쪽 참조.

52   侯學金 主編, 앞의 책, 1쪽 참조.

촉한 중심적 삼국지

소설《삼국지》가 기본적으로 촉한을 중심으로 서술되고 묘사되
이져 있고, 삼국지문화의 핵심이 귄우이다 보니 중국 삼국지문화의
전체적 성격 역시 촉한을 중심으로 형성되어 있다.[53] 사실 중국 삼
국지문화의 삼국시대의 상황에 대한 이해와 인식은 역사적 사실과
는 관계없이 소설《삼국지》에서 서술된 내용으로부터 가장 많은 영
향을 받고 있다.

소설《삼국지》가 촉한 중심으로 기울게 되는 데는 다음의 몇 가
지 요인이 있었다.

첫째, 역사관의 문제이다. 소설《삼국지》에 대한 이해와 기술은

---

53 여기에서 말하는 '촉한 중심'이란 말은 위정통론(魏正統論)에 대한 상대적 개념이며, 절대적
   개념에서 볼 때 중국의 삼국지문화는 여러 면에서 촉한 중심에서 벗어나 다양한 문화를 수용
   하려는 표용적 성격을 보여주고 있다.

여러 가지 관점이 존재할 수 있으나 대체로 위정통론魏正統論과 촉한정통론蜀漢正統論이 있다. 소설《삼국지》를 역사서《삼국지》와 비교해보면 상이점을 발견할 수 있는데, 가장 두드러진 차이는 역사관에 있다. 소설《삼국지》가 유비의 촉한을 정통 왕조로 내세우는데 반해, 역사서《삼국지》에서는 소설과는 정반대로 위나라의 임금인 조씨曹氏 일가에게만 황제의 호칭을 붙여 천하의 패권이 위에 있었다고 기록하고 있다.[54] 이처럼 위정통론에 바탕한 역사서《삼국지》는 삼국시대 사건에 대한 기술은 비교적 객관성을 지니고 있으나, 인물 평가에 있어서는 촉의 제갈량을 지나치게 폄하[55]하는 등 다소 객관성을 잃은 듯하다. 또한 기록의 분량에 있어서도 위·촉·오세 나라 역사 중 촉나라에 대한 서술이 가장 간략하다. 이러한 점은 유가적 가치관을 지니고서 촉한정통론을 중시하는 사람들에게는 지극히 불만스러울 수밖에 없었던 것이다.

둘째, 관우의 신격화이다. 소설《삼국지》가 원말 명초에 소설로 완성되어지는 소설화과정에서 크게 영향을 받은 또 다른 요인은 바로 당시 독자층의 한 축이었던 민간인들의 분위기였다. 소설 장르의 민간문학적 성격을 볼 때, 당시 민간의 분위기 또한 자연스레 반영되어질 수밖에 없었던 것이다. 이미 민간에서 관우의 인기가 워낙 좋다보니 편찬자로서는 소설화과정에 이런 분위기를 반영하지

---

54   전홍철, 〈황석영삼국지·해제〉(서울, 창작과비평사, 2004), 10권 248쪽 참조.

55   《三國志》卷35〈蜀書·諸葛亮傳〉: "可謂識治之良才, 管·蕭之亞匹矣. 然連年動衆, 未能成功, 蓋應變將略, 非有所長歟!"

않을 수 없었던 것이다.

셋째, 독자층의 성격 변화이다. 삼국지 이야기가 본격적인 읽는 소설로 자리 잡게 되는 명대는 이미 정통 주자학이 융성하여 유교적 가치관을 지닌 독자층이 비약적으로 늘어났던 시대였다.

넷째, 상업적 이유이다. 소설책을 유사 역사로 인식시켜 식자층의 구매를 유도하여 부를 축적하려 했던 출판업자들의 욕망이 맞물렸던 것이다.

이러한 시대적 사회적 요인은 촉한을 중심으로 하는 새로운 《삼국지》 이야기의 출현을 갈망하게 하였고, 결국 소설 《삼국지》의 전체적 기술 방향을 역사적 사실과는 달리 촉한 중심의 촉한정통론으로 기울도록 하였던 것이다. 이러한 시내적 요구에 부응하기 위해 나관중은 역사서 《삼국지》를 진수와 정반대되는 역사관으로 재해석한 바탕 위에서, 오랜 세월 동안 민간의 이야기판 여기저기에 흩어져 있던 삼국지 이야기를 한꺼번에 묶어 이전과는 전혀 다른 새로운 소설을 만들었던 것이다.[56]

결국 이 과정에서 소설 《삼국지》는 역사서 《삼국지》와는 달리 유비의 촉한을 정통 왕조로 내세웠던 것이다. 즉 관우추앙적 민간 분위기와 새로운 문학의 출현을 기대하는 시대적 요청이 반영되어 촉한 중심적으로 서술될 수밖에 없었다. 이는 독자층을 의식하고 사회 분위기를 반영해야만 하는 작가로서의 사명이기도 하다. 이렇

---

56 전홍철, 앞의 글 참조.

다보니 중국의 삼국지문화는 소설의 영향으로 자연스레 역사서 삼
국지의 위정통론을 벗어나 촉한을 중심으로 형성되어 촉한중심적
성격을 띠게 되었다.

삼국지문화를 구성하고 있는 또 하나의 요소가 바로 아직까지
도 중국의 민간인들 사이에서 존재하고 있는 민간진설이다. 이는
첫째, 소설에 반영된 민간전설과, 둘째, 역사서《삼국지》나 소설《삼
국지》의 어느 부분에도 나오지 않으나 중국의 민간인들이 이미 알
고 있고, 사실 여부와는 관계없이 그렇다고 믿고 있는 여타의 민간
전설들로 구성되어진다.

소설《삼국지》에 반영된 민간전설

'삼고초려三顧草廬 '와 관련된 전설

삼국지문화 속에서 제갈량은 소설에서처럼 유비에게 천하의
삼분의 일을 가져다 준 탁월한 능력을 지닌 인물로 알려져 있다. 그

러다보니 이들 두 사람의 만남은 세간 사람들의 중요한 관심사였으며, 이와 관련된 '삼고초려' 이야기도 민간에서는 다양한 형태로 전혀져오다 자연스레 소설에 반영되어졌다. 또 오늘날 삼국지문화 속에서도 주요한 사건으로 자리잡고 있다.

소설에서의 서술과는 달리 민간전설에서는 '제갈량이 유비를 세 번 시험하였다 三試劉備 '는 전설과 '유비가 제갈량에게 세 번 찾아갔다 三請諸葛 '는 전설이 있다. 첫번째 '삼시유비 三試劉備 '전설도 소설에서의 이야기 전개와 유사한 내용의 전설[57]과, 소설과 전혀 다른 이야기의 전설[58] 두 가지가 있다. 두번째 '삼청제량 三請諸葛 '전설도 역시 두 가지 다른 내용이 있다. 그 하나는 장비의 기지로 제갈량을 모셔온다는 내용이고,[59] 또 다른 전설은 유비가 제갈량을 찾아왔을 때 공교롭게도 제갈량이 모친상을 당하여 집밖으로 나갈 수 없었기 때문에 세 번이나 찾아오게 되었다는 전설이다.[60]

---

[57]   유비가 융중으로 찾아갈 때 농부들의 노랫소리를 듣는 것이라든지, 최주평(崔州平), 황승언(黃承彦), 석광원(石廣元), 맹공위(孟公威) 등을 만난 내용이라든지, 제갈량의 집 문 앞에서 오래도록 기다린 것 등의 이야기는 소설의 이야기 전개와 비슷하다. 다만 이 모든 사건을 소설과는 달리 제갈량이 주도하였다는 점이 특이하다. 史簡,《三國人物外傳》(北京, 中國民間文藝出版社, 1993), 45-48쪽 참조.

[58]   전설에서는 소설과 달리 유비 삼형제가 함께 제갈량을 찾아 가는 것이 아니라, 먼저 장비와 관우가 각각 한번씩 제갈량을 모시러 갔다가 실패한 다음, 유비가 아우들을 데리고 제갈량을 찾아가자 이에 감동하여 제갈량이 따라나서게 되었다고 한다. 史簡, 앞의 책, 49-51쪽 참조.

[59]   두 번씩이나 허탕을 친 유비 형제들이 다시 융중을 찾았을 때, 제갈량은 자는 척하고 있었다. 한참을 기다리다 지쳐 장비가 불을 지르겠다고 소리치고 윽박지르자 유비가 제지를 하였고, 이를 듣고 있던 제갈량이 그제야 일어나 유비를 맞이하였다. 하지만 그들이 방 안에 들어가 국사를 논하자 시간이 길어져 자리를 뜰 줄 모르니 장비가 계책으로 제갈량을 밖으로 유인한 다음 말에 앉히고 신야로 데려갔다는 이야기이다. 史簡, 앞의 책, 52-54쪽 참조.

[60]   史簡, 앞의 책, 55~56 참조.

장판파長板坡 전투와 관련된 전설

장판파에서 조운趙雲이 조조와 일전을 벌이는 부분과 관련된 민간전설이 있다. 소설에서는 조운이 조조 진영에서 혼자서 분전을 하며 아두를 품에 안고 유비에게로 돌아온다. 이때 아두는 조운의 품에서 곤히 잠들어 있었고, 이를 유비에게 건네자, 유비는 아이를 땅에 내던지며 "이 어린 녀석 때문에 하마터면 나의 대장군 한 사람을 잃을 뻔했구나."라고 한다. 그러자 조운이 황급히 땅에 던져진 아두를 안아 올리며 유비의 환대에 눈물을 흘리며 감격해하는 것으로 묘사되어 있다.[61]

하지만 민간전설에서는 유비가 조운에게서 아두를 건네받자 "네 녀석 때문에 아까운 장수 하나 잃어버릴 뻔했구나."라고 한 뒤 아두를 땅에 내던지기는 하였으나, 사실 유비의 팔이 무릎 밑으로 내려올 정도로 길었기 때문에 그렇게 심하게 내던진 것이 아니고, 아두가 놀라 울음을 터뜨리자 옆에 있던 감부인이 아이를 안아 올렸다는 것이다. 이 상황을 지켜본 조운을 비롯한 여러 장수들은 유비가 자식보다도 장수들을 더욱 아끼고 사랑한다는 것을 알게 되어 더욱 유비에게 충성을 다하게 되었다는 내용으로 전해지고 있다.[62]

이상의 전설들은 내용상에 다소간 차이가 있긴 하지만 이야기 전개의 중요한 한 대목으로 소설에 반영되어져 오늘날까지 전해져 오고 있는 것이다.

---

61   《三國演義》42回, 앞의 책, 214쪽.

62   史簡, 앞의 책, 67-69쪽 참조.

기타의 민간전설

관우 출생에 관한 전설

관우의 출생에 관한 전설은 세 가지 정도가 있다. 이 세 가지 전설은 내용은 다소 차이가 있으나 모두 관우를 옥황상제의 신하로 묘사하고 있다. 또 이들 세 가지 전설 속에 등장하는 관우의 전신들은 각각 남해용왕, 용, 불의 신이었으나 모두 오로지 백성들을 사랑하는 마음으로 인해 옥황상제의 명을 어기고 백성들을 돕게 된다. 이에 옥황상제의 미움을 사게 되어 결국 인간 세상으로 쫓겨 내려와 관우로 환생한 것이라 한다. 이러한 출생 전설은 개국 신화의 영웅 전설과 매우 흡사하다 할 수 있겠다.[63]

수림산망부대 綉林山望夫臺 전설

호북성 湖北省 석수시 石首市 의 수림산망부대에 《삼국지》와 관련된 전설이 있다. 이는 유비의 부인인 손 부인과 관련된 전설이다. 소설 《삼국지》를 보면 유비의 세 번째 부인인 손 부인이 유비의 아들 아두를 데리고 황급히 동오로 돌아가려고 하다 만류하는 조자룡과 장비에게 아두를 빼앗긴 채 혼자만이 떠나가는 부분이 있다.[64] 즉 동오에서 유비에게 시집왔던 손권의 누이 손 부인이 남편 유비가 출정하고 없는 틈을 타 친정인 동오로 돌아가 버린 것이다.

---

63   史簡, 앞의 책, 117~124쪽 참조.
64   《三國演義》61回, 앞의 책, 309-310쪽.

이 손 부인의 행적에 대해서는 역사적 기록과 민간의 전설이 너무나 상반되게 전해오고 있다. 소설《삼국지》에서의 묘사처럼 사실 손 부인은 동오로부터 연락을 받고 친정으로 가서는 다시 돌아오지 않았다. 그러나 예로부터 중국의 민간인들은 손 부인이 유비가 동오와 벌인 이릉전투의 대혼란 속에서 전사했다는 소식을 듣고는 너무나 놀라 슬픔을 이기지 못하고 통곡하다 절망감에 빠져 장강에 몸을 던져 자살한 것으로 전설은 전해져 오고 있다.[65] 지금 호북성 석수시에 가면 손 부인이 남편 유비를 매일같이 애타게 기다리며 나날을 보냈다고 하는 망부대까지 있고,[66] 심지어 이 지역의 지명은 물론이고 유비와 손 부인 부부와 관련된 많은 유적과 이야기가 아직도 전해져 오고 있다.

탁도천卓刀泉 전설

호북성 무한시武漢市 탁도천에 남겨진 전설이 있다. 호북성은 삼국시대 위ㆍ촉ㆍ오 삼국의 접경지이다 보니 삼국문화 유적과 그에 얽힌 이야기가 가장 많이 남겨진 지역이다. 지금도 호북성의 수도인 무한시를 가보면 동호 부근의 산기슭에 한 샘물이 있다. 이 샘물에 삼국시대 당시 최고의 명장이었던 관우와 관련된 이야기가 간직되어 전해 내려오고 있다. 관우가 형주 지역을 다스리던 시절, 백호의 행패로 인해 강하江夏 지역 백성들이 가뭄을 겪고 있었다. 이에

---

65 蔡遠雄 劉衛祖 陳連生 等,《三國勝迹湖北多》(武漢, 湖北人民出版社, 1985), 107쪽.

66 남덕현, 앞의 책, 298쪽 참조.

관우가 호랑이를 없애고 이 지역에 샘물이 솟아나게 하여 옥토로 만들어 주었다는 전설이다.[67]

이상에서 살펴본 전설들은 소설 속에서 서술되어지지도 않았고, 아무런 역사적 근거도 없지만 오늘날까지도 민간인들의 가슴속에 새겨져 전해져 오고 있으며, 중국 민간인들은 어떠한 의심도 없이 당연히 그러하리라고 여기며 이런 전설을 믿으며 살아가고 있는 것이다. 이와 같은 민간전설은 물론 어느 날 갑자기 형성된 것이 아니고 수많은 세월을 거친 오랜 역사성을 지니고 있는 것이다. 이 외에도 오늘날 중국의 삼국지문화 속에는 소설 속에 반영되지 않아서 비교적 덜 알려진 수많은 전설이 각 지역을 중심으로 존재하고 있다.[68]

67 蔡遠雄 等, 앞의 책, 166-168참조.

68 熊永 編著, 《荊州三國傳說》(北京, 中國文聯出版社, 2000), 史友仁 孟德善 周進勳 編著, 《許昌三國大觀》(鄭州, 中州古籍出版社, 1996), 侯學金 主編, 《解州關帝廟》(解州關帝廟文物保管所編, 1998年), 孫侃 選編, 《玉泉寺傳奇》(當陽, 江河文學社, 1985) 등 참조.

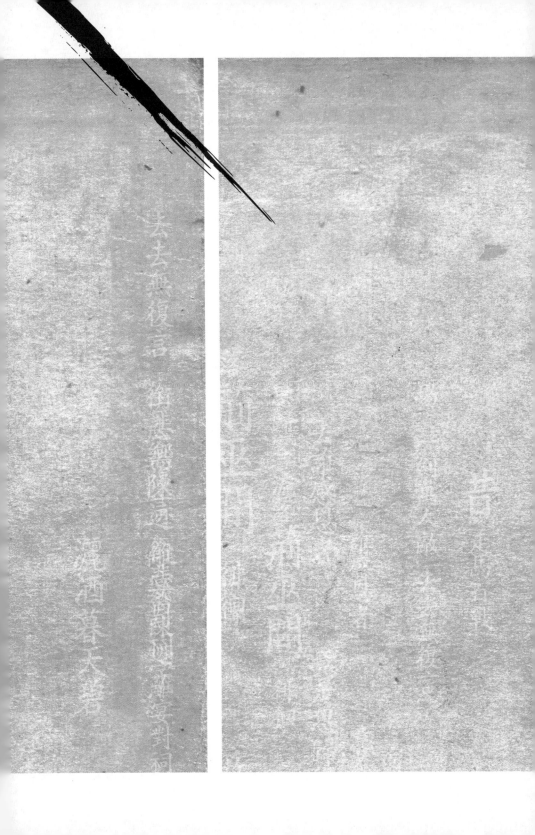

2장.

소설《삼국연의》속

관우 이야기

《삼국연의》에서의 관우 형상화

　　원말 명초 시기에 나관중은 나날이 높아져만 가는 세상의 문화 예술적 요구에 부응하기 위해 역사적 사실에 바탕하면서, 전통적 유가 사상의 토대 위에 자신의 이상적 문예관과 사유체계를 발휘하여 이전 민간문학 속에서의 다양한 자료를 발전적으로 폭넓게 수용하며 역사소설 《삼국연의》를 탄생시킨다. 이 소설화 과정에서 관우는 그 인물 형상이 완벽한 형상화를 이루어 심미적 품격과 예술적 매력을 지닌 예술적 형상으로 승화되어 진다.

　　나관중의 《삼국연의》는 대략 원말에 창작되기 시작하였으며 현존하는 최초 판본은 명대 가정임오본 嘉靖壬午本 즉, 가정원년 1522 년 의 통칭 가정본 《삼국지통속연의》이다.[69] 이어 청대[70] 모륜 毛綸 , 모종강 부자는 이 《삼국연의》를 비평 수정하여 더욱 소설적 면모를 갖추어 모본 《삼국연의》를 내놓는다.[71]

　　모본 《삼국연의》를 거치면서 관우의 충의정신이 더욱 강화되

관우 사당의 관우상

어 관우 형상은 한 차원 더 높은 예술적 품격을 지니게 된다. 높은 예술성이 더해지면서 통치자로부터도 추앙받고 또 민간인들에게도 숭배 받는 영웅화 된 관우 형상이 창조되어진다. 의리와 용맹, 지혜 등의 개성을 모두 갖춘 완벽한 인물 형상이었다. 평생 의리를 지키며 주군을 섬기며 세상을 살았고, 무예와 용맹으로써 나라와 백성을 지켰으며, 지혜롭고 의연하게 대처하고 수신하며 품성을 함양하였다. 전통 유가문화 속의 모든 미덕이 다 모여진 것이다. 이때부터 관우는 문학예술 영역의 예술 전형적 인물을 뛰어넘어 사람들이 믿고 따르는 사회적 영향력을 지닌 품격 있는 인물로 발전하게 된다. 결국《삼국연의》는 역사적 인물인 관우를 민간문학에서 이루어놓은 이상화의 바탕과 문학 예술적 차원의 기교를 더하여 완벽한 이상적

69　　劉世德,《三國演義作者與板本考論》, 北京: 中華書局, 2010, 74~75쪽 참조.

70　　淸 康熙 年間(1662년).

71　　두 판본 간 상이점이 있으나 본 고에서는 분량의 한계로 인해 나본을 중심으로 하여 비교 분석하였다.

관우 형상을 창출해 놓았던 것이다.

《삼국연의》를 이전의 대표적 민간문학 작품인 원대《삼국지평화》와 비교해보면 작가 자신의 이상적 구상에 부합하는 여러 가지 이야기가 더해져 있음을 알 수 있다. 완벽한 이상적 관우 형상 창출을 위해 다양한 문학 예술적 기법을 사용하여 보완하였던 것이다.[72] 그 대체적 틀과 특징은 철저히 관우의 긍정적인 측면만을 부각시키고 있다는 점이다. 소설에서의 중심인물에 대한 형상화는 대개 긍정적 부정적 묘사가 동시에 이루어지는 것이 일반적이다. 다시 말해 중심인물 묘사는 긍정적 부분에 대한 묘사가 주된 것이 되더라도 부정적 부분의 묘사도 동시에 이루어진다. 허나《삼국연의》에서의 관우 인물 형상화는 철저히 긍정적 부분의 묘사만을 집중적으로 하고 있다. 그 구체적 기법을 살펴보면 다음과 같다.

부정적 요인 삭제

무엇보다 가장 두드러진 특징으로 부정적 요인의 삭제를 들 수 있겠다.

관우의 완전한 인격 조성에 해가 되는 부정적인 요소는 바로

---

72 남덕현, '관우 문화현상 고찰',《CHINA연구》제10집, 부산대학교 중국연구소, 2011, 2, 294~298 쪽 참조. 본 고에서는 이 논문에서 다루지 못한 다양한 문학 예술적 기법을 구체적으로 살펴보았다.

제거해버렸다. 그 예로 관우가 유비와 장비를 따라 태행산太行山에 가서 산적패가 된 이야기는 채용하지 않았다. 완벽한 관우 인물 형상 창조에 저해되는 부정적 요인을 제거해버린 것이다. 가장 대표적인 예로《평화》중권中卷을 보면 다음과 같은 내용이 나온다.

한편 관공은 두 형수와 함께 남쪽 태항산으로 들어가 형주로 의탁하러 갔다. 오직 관공 혼자서 감, 미 두 부인을 안내하여 천산만수를 지나갔다. 〔관공이 천리를 혼자서 가다〕[73]

却說關公與二嫂, 往南而進太行山, 投荊州去. 唯關公獨自將領甘,麋二夫人過千山萬水. 〔關公千里獨行[74]

관우가 혼자서 유비의 두 부인을 데리고 태항산太行山으로 천리 길을 가는 부분이다. 그곳은 장비가 산적질을 하고 있던 곳이었는데, 관우가 조조진영에서 보여준 활약으로 인해 원소로부터 위협을 느끼고 있던 유비가 원소를 벗어나 먼저 도착해 있었다. 이어 관우가 그의 행적에 대해 의심하며 공격해 오는 장비의 면전에서 채양을 죽여 오해를 푼 다음 유비·관우·장비 세 사람이 함께 모여 기쁨을 나누는 고성취의古城聚義 이야기가 있다.[75] 관우가 고성으로

---

73 본 고에서는《평화》본문 속의 표제어 부분과 표제어 해석 부분은 〔 〕로 표시하였다. 정원기 앞의 책, 19~23쪽 참조.

74 種兆華, 앞의 책, 421쪽.

75 《平話》中卷 : "張飛不聽, 使檜刺關公, …… 鼓響一聲, 被關公一刀砍了蔡陽頭, 其軍亂走, 名曰 一鼓斬蔡陽. …… 三人大喜, 每日設宴, 名曰古城聚義. 種兆華", 앞의 책, 422~423쪽.

가서 산적질을 하고 있던 장비와 합류하는 대목이다. 이 이야기는 《삼국연의》에서 없어져 버린다. 관우가 유비와 장비를 따라 태항산에서 산적패가 된 이야기는 버리고 채용하지 않았던 것이다.

사실 유비와 관우, 장비는 서주에서 조조에 대패한 이후 생존을 위해 각기 다른 길을 택할 수밖에 없었다. 유비는 곡절을 겪으며 원소의 진영에 의탁할 수밖에 없었고, 관우는 치욕스럽지만 조조에게 항복할 수밖에 없었다. 그러던 어느 날 이들 삼형제는 태항산에서 초라한 모습이었지만 근거를 확보하고 있던 장비에게로 모이게 된다. 이때는 모든 것을 잃고 아무런 기반을 갖추지 못했던 시절이었기에 이들은 호구지책으로 산적질을 하고 있던 장비에게 합류하여 함께할 수밖에 없는 아픈 현실을 경험하게 된다. 그러나 이런 사실은 관우 인물의 긍정적 형상화에 지해되는 내용이어서《삼국연의》의 소설화 과정에서 삭제되어져 버린다.

기본적으로 소설의 작가는《평화》에서의 내용을 확대 정리하여 그의 형상성을 보완하려 하였다. 그러나 만약 역사적 내용이나 이야기가 관우의 완벽한 이상적 인물 형상 창조에 도움이 되지 않는 것이라면 반영조차 하지 않고 삭제하였던 것이다.

긍정적 요인 부각

반면에 긍정적 요인은 부각시켜 강화하였다.

예를 들어 관우의 용맹스런 기개를 표현한《관우참차주 關羽斬

車冑 》,《자안량 刺顏良 》,《참채양 斬蔡陽 》,《살방덕 殺龐德 》 등의 이야기와, 지혜로움과 용맹스러움을 동시에 표현한《관공단도회》,《수엄우금군》 등의 이야기, 관우의 의연하고 강인한 품덕을 묘사한 "괄골료독" 등의 이야기가 대표적인 것이다. 이러한 사례는 있던 이야기를 미화하였거나 없던 것은 아예 만들어 보완한 것이다.

완벽한 인물 형상 창출을 위해 인물의 개인적 품성과 그가 지닌 무공을 주관적으로 최대한 드높인 것은 물론이고 전장에서 보여준 객관적 전공을 한껏 부각시키고 확대시켰다. 즉 주관적 서술을 통한 꾸밈과 동시에 객관적 사실에 바탕한 과장과 강조를 더하여 미화하였던 것이다. 그 대표적인 사례는 다음과 같다.

첫째, 인물 묘사에 문인적 풍모를 더해 그 품격을 높여 놓았다. 역사서《삼국지》속의 기록[76]과《평화》에서의 간단한 기술[77]에 근거해《삼국연의》소설 곳곳에 관우가 유가 경전《춘추 春秋 》를 가까이 한 모습을 그려 넣어 마치 유가 문인과도 같은 분위기의 인물을 만들어 놓고 있다. 관우가 무용만을 갖춘 일개 장수의 수준에 그치지 않고 문무를 겸비한 훌륭한 장수라는 인물 형상을 창출하기 위해서였던 것이다. 사실 관우가 장수로서의 의로운 기개를 지킬 수 있게 한 정신적 토대가 바로 이《춘추》의 대의 大義 였던 것이다. 이러한

---

76   陳壽 撰 裵松之 注,《三國志》(上 · 下), 長沙: 岳簏書社, 2006, 636쪽. "江表傳曰 : 羽好左氏傳 , 諷誦略皆上口."

77   《平話》上卷 : "姓關名羽, 字雲長 …… 喜看《春秋左傳》", 種兆華, 앞의 책, 377쪽,《平話》中卷 : "關公自小讀書, 看《春秋左氏傳》", 種兆華, 앞의 책, 416쪽.

점은 실제 후대 유가 문인들의 시가 속에서 칭송받기도 하였다.[78]

둘째, 지혜로운 장수로 만들어 놓았다. 《춘추》를 가까이 하는 문인 같은 모습의 바탕 하에 무용을 발휘함에도 지혜로움까지 갖춘 인물로 묘사하였다. 훌륭한 인물 형상 창출을 위해 용맹스러움과 동시에 지혜로움을 표현한 것이다. 그 예로 《관공수엄우금군 關公水 淹于禁軍》이야기를 들 수 있겠다. 《평화》 하권 下卷 을 보면 이런 대목이 나온다.

관공이 우금의 영채가 작은 강의 하류에 있는 것을 보았다. 갑자기 비가 내리는 것을 이용하여 작은 강의 물을 터뜨려 그 물이 강 언덕과 주변을 휩쓸어 버렸다. 〔관우가 7군을 물에 빠뜨리다〕 우금의 군사들은 모두 물에 빠져 죽었다.

關公看于禁寨在于小江下, 雨忽作, 關公開小江水, 其水無邊岸, 〔關公水淹七軍〕 淹于禁軍皆落水死.[79]

관우가 조조가 보낸 우금의 칠군 七軍 을 수몰시킨 이야기이다. 이처럼 몇 구절 되지 않는 간단한 서술이었지만 이것이 《삼국연의》에서는 관우의 지혜를 보여주는 대표적인 이야기로 발전되어 서술

---

78 明 文征明 《題聖像》: "有文無武不威如, 有武無文不丈夫. 誰似將軍威而武, 戰袍不脫夜觀書." 宋 萬忠. 武建華 標點注釋, 《解梁關帝誌》, 太原: 山西人民出版社, 1992, 卷四 《藝文下》, 337쪽, 陶 世敏 《關聖讀〈春秋〉》: "漢季有眞儒, 孤忠懷魯史. 當時懼亂臣, 千古如夫子." 《解梁關帝誌》 卷四 《藝文下》, 앞의 책, 335쪽.

79 種兆華, 앞의 책, 472쪽.

되어진다.《삼국연의》74회를 보면 관우는 위의 우금이 조조의 명을 받들어 정예군인 칠군을 거느리고 공격해 오자 그 선봉 방덕에게 화살을 맞는 등 고전을 치르게 된다. 하지만 관우는 곧 전열을 정비해 번성樊城 북쪽 증구천罾口川의 험하고 좁은 곳에 세운 영채를 보고는 지혜를 발휘한다. 즉, 때마침 연일 내리는 비를 이용하여 수구를 막았다가 한꺼번에 터뜨려 칠군을 수몰시켜 버린다.[80]《평화》속의 간단한 서술이 소설《삼국연의》에 이르러서는 관우의 지혜가 돋보이는 이야기로 발전한 것이다.

셋째, 출중한 개인적 전투역량을 부각시켰다. 전쟁터에서 장수로서의 개인적 전투역량의 출중함을 더욱 부각시켜 형상화하였다. 이는 역사적 기록에서도 나타나 있는 객관적 전공에 바탕하여 그 업적을 더욱 확대 과장하여 부각시킨 것이다. 관우의 용맹스러움을 표현한 이야기로《평화》에《관공습차주關公襲車胄》,《관공자안량關公刺顔良》,《관공참채양關公斬蔡陽》등의 이야기가 있다. 이런 이야기들은《삼국연의》에서 관우의 개인적 무용을 확대하고 극대화하는데 활용되어진다.

먼저 관우가 원소의 대장군 안량을 물리친 유명한 일화부터 살펴보자. 역사적 사건에 근거한 이 일화는 사실 관우가 세상에 알려지는 계기가 된 큰 사건이었다. 관우는 건안 5년 조조에게 사로잡혀 그의 편장군偏將軍이 되고 백마전투에 참가하여 안량을 수만의 대군 속에서 베어 단숨에 조조의 인정을 받아 한수정후漢壽亭侯에 봉

---

80   羅貫中,《三國演義》, 앞의 책, 375~376쪽.

해진다.[81] 이는 너무나 세상을 놀라게 한 큰 사건이어서 민간문학 속에서도 자연스레 전해져오다《평화》 중권에는《관공자안량關公刺 顏良 》이라는 표제어와 함께 실려 있다.

　관공이 영채를 나와 청룡도를 움켜쥐고 말에 올라 높은 곳에서 펄럭이는 안량의 휘개를 보니 안량개 라고 적혀 있고, 10만 군이 영채를 둘러싸고 있었다.〔관공이 안량을 베어버리다〕 운장은 단기로 청룡도를 빗겨든 채 말을 달려 영채를 나갔다. 곧바로 안량의 영채로 달려가 아무 거리낌도 없이 한 칼에 안량의 목을 베어 땅에 떨어뜨렸다.

　　關公出寨, 綽刀上馬, 于高處觀顏良麾蓋, 認的是顏良蓋, 十萬軍圍繞營寨. 〔關公刺顏良〕 雲長單馬持刀奔寨, 見顏良寨中, 不做疑阻, 一刀砍顏良頭落地,[82]

　역사에 근거한 비교적 간단한 서술이《삼국연의》25회에서는 원소의 대장군 안량이 조조의 장수를 둘씩이나 단숨에 베어버려 서황徐晃 을 포함한 모든 조조의 장수들이 벌벌 떨고 있는 긴박한 위기의 상황을 만든다. 이때 관우가 조조가 보는 앞에서 수많은 적진을 가르며 달려들어 안량을 단칼에 베어버리는 엄청난 용맹을 보여준다.[83] 관우는 소설을 통해 이 전투에서 엄청난 무공을 지닌 영웅

81　《三國志‧關羽傳》: "建安五年 , 曹公東征 , 先主奔袁紹. 曹公禽羽以歸 , 拜為偏將軍 , 禮之甚 厚. 紹遣大將軍顏良攻郡太守劉延於白馬 , 曹公使張遼及羽為先鋒擊之. 羽望見良麾蓋 , 策馬刺 良於萬眾之中 , 斬其首還 , 紹諸將莫能當者 , 遂解白馬圍. 曹公即表封羽為漢壽亭侯." 陳壽, 앞 의 책, 633쪽.

82　種兆華, 앞의 책, 419쪽.

83　羅貫中,《三國演義》, 앞의 책, 132~133쪽.

으로 묘사되어져 그의 용맹이 더 알려지게 된다.

또 서주를 차지하는 과정에서 유비의 걸림돌이었던 차주를 관우가 처치해버리는 《관공습차주》 이야기가 압권이다. 《평화》 중권에 실린 이 일화는 다음과 같다.

선주가 말했다. "만약 차주가 먼저 서주로 가서 나오지 않으면 어떻게 하지?" 관공이 말했다. "제가 먼저 가서 처단해버리겠습니다." 관공은 말에 오르자 말에 채찍을 가하여 서주 근방에 이르러서, 〔관공이 차주를 습격하다〕 마침내 차주를 습격하였다. 차주가 몸을 숨겼으나 곧 머리가 베어져 떨어졌다.

先主曰: "若車胄先到徐州不出, 如之奈何?" 關公曰: "兄弟先去." 關公上馬加鞭, 離徐州至近, 〔關公襲車胄〕遂襲車胄. 車胄一躲, 乃砍頭落.[84]

이 이야기 역시 《삼국연의》 21회를 보면 유비는 조조를 속여 서주로 가서 지나가는 원술을 죽이고는 서주에 머무르게 된다. 이 때 서주자사 차주는 조조의 밀명을 받고 매복하였다 유비를 해하려 하였는데 미리 발각되어 관우에 의해 단칼에 사라져버린다.[85] 《평화》의 이야기가 소설에서 관우의 뛰어난 무용을 부각시키는 이야기로 확대된 것이다.

---

84   種兆華, 앞의 책, 416쪽.
85   羅貫中, 《三國演義》, 앞의 책, 111~113쪽.

이상의 이야기들은 관우가 실제 전투력을 발휘해 상대를 제압한 것으로 장수로서의 뛰어난 무용을 지녔음을 보여준 것이다. 훌륭한 전투 역량을 갖춘 역사 속 용장의 모습과 일치하는 부분임과 동시에 무공을 더욱 강조하여 관우를 돋보이게 만들어 놓은 것이다.

넷째, 장수로서의 기개를 드러내어 형상화하였다. 실제 전투하는 모습은 아니지만 장수로서의 품격을 돋보이게 한 것이다. 기개를 표현한 예로는 무엇보다도 '관공단도회' 이야기를 들 수 있겠다. 《평화》 하권에는 단도회 사건을 이렇게 다루고 있다.

하루는 정탐꾼이 와서 말하였다. "강오의 대부 노숙이 일만 군사를 이끌고 장강을 건너온 뒤에 인편에 편지를 보내어 관공을 단도회에 초청하였습니다." 관공이 말했다. "단도회에는 반드시 무슨 계책이 숨어 있을 테지만, 내가 어찌 그것을 두려워하겠는가!" 약속한 날이 되자, 관공은 가벼운 활에다 짧은 화살과 칼을 휴대한 50명이 못 되는 말을 잘 타는 병사들을 거느리고 남쪽 노숙의 영채로 향했다. 오나라 장수가 관공을 보니 전혀 무장하지 않은 채 허리에 칼만 한 자루 차고 있을 뿐이었다. 관공이 노숙을 살펴보니 수행원 3천 명에다 제각기 무기를 들고 있었다.

有一日, 探事人言: "江吳上大夫魯肅引萬軍過江, 使人將書請關公赴單刀會." 關公: "單刀會上, 必有機見, 吾豈懼哉!" 至日, 關公輕弓短箭, 善馬熟人, 携劍, 無五十餘人, 南赴魯肅寨. 吳將見關公衣甲全無, 腰懸單刀一口. 關公視魯肅, 從者三千, 軍有衣甲[86]

---

86   種兆華, 앞의 책, 467~468쪽.

이어 풍악소리를 핑계로 관우가 노숙魯肅에게 크게 화를 내고 돌아오는 이야기를 적고 있다. 이 이야기도《삼국연의》66회에서는 관우의 모습을 보다 더 대담하고 의연하게 묘사하고 있다. 내용을 보면 손권孫權과 노숙이 형주荊州를 되찾기 위한 계략으로 위장 연회를 열어 관우를 초청하게 된다. 관우는 전혀 두려움 없이 그를 초청한 위장 연회에 대담하게 혼자 참가하는《관운장 단도부회關雲長 單刀赴會》이야기가 잘 묘사되어 관우의 의연한 모습을 그려내고 있다. 수많은 군사가 매복되어 있는 위험한 장소임을 뻔히 알면서도 관우는 개의치 않고 늠름하게 응하여 오히려 그들을 당황케 만들어 그 계략을 무력화시켜 버린다.[87] 결국 이 '관공단도회' 이야기는 실제 전투를 통해 용맹을 보여주는 모습은 없지만 오히려 관우의 의연한 기개를 한껏 더 돋보이게 한 이야기이다. 이 이야기 속에 묘사되어진 기개와 기상으로 인해 관우는 정말 기개 있는 완벽한 인물로 그 위용을 한껏 펼쳐보인다.

또한 '괄골료독刮骨療毒' 이야기 역시 관우의 기개를 잘 보여주는 이야기이다. 이 사건을《평화》하권에서는 이렇게 묘사하고 있다.

관공은 그를 안으로 청하고 팔의 금창에 독이 있는 것 같다고 하였다. 화타가 말했다. "기둥을 하나 세우고 거기에다 고리를 하나 박은 다음, 팔뚝을 그 고리에 끼워 고정시켜 주시면 통증을 치료해 드리지요" 관공이 크게 웃으며 말했다. "나는 대장부외다. 어찌 이런 일을 두려워하겠소!" 조우를

---

87   羅貫中,《三國演義》, 앞의 책, 334~336쪽.

시켜 금 쟁반 하나를 받쳐 들게 하고 한쪽 팔을 드러낸 뒤, 화타에게 뼛속에 퍼진 독을 긁어내게 하였다. 관공은 금창을 치료하고 약을 바르는 동안 얼굴 한 번 찌푸리지 않았다.

請至, 說其臂金瘡有毒, 華佗曰 "立一柱, 上釘一環, 穿其臂, 可愈此痛." 關公大笑曰: "吾爲大丈夫, 豈怕此事!" 令左右捧一金盤, 關公袒其一臂, 使華佗刮骨療病, 去盡毒物. 關公面不改容, 敷貼瘡畢. [88]

이 이야기 역시《삼국연의》75회에서는 의연한 관우의 기개를 더욱더 실감나게 묘사하고 있다. 소설을 보면 번성의 조인曹仁을 공격하다 오른쪽 팔에 독화살을 맞은 관우는 천하의 명의 화타華佗로부터 독을 긁어내는 수술을 받게 된다.《평화》에서처럼 담담하게 치료를 빈는 징도가 아니라 웃으면서 화타에게 주연을 대접하고 심지어 수술하는 동안 술과 고기를 먹으며 담소하며 바둑을 두며 아픈 기색조차 보이지 않는 강인한 기개를 지닌 인물로 잘 묘사되어져 있다.[89] 이처럼 소설 속 '괄골료독' 이야기는 더욱더 관우의 의연하고 강인한 품덕과 기개를 표현해주어 그를 드높인 이야기로 잘 꾸며져 있다.

---

88   種兆華, 앞의 책, 467쪽.

89   羅貫中,《三國演義》, 앞의 책, 377쪽.

이야기 전개 보완

완벽한 관우 형상 창출을 위하여 전체 이야기 전개 속에서 그 서술이 다소 미흡한 부분은 보완하여 더 자세히 묘사하였다. 소설 《삼국연의》에서는 《평화》에서의 이야기 전개가 관우 형상과 정신을 표현하는데 부족하면 내용을 더하여 강화하였다. 《평화》는 대체로 이야기 전개가 단순하고 문체와 표현이 세련되지 못한 예술성이 미흡한 문학형태였다. 소설에서는 바로 이러한 부족한 예술성 부분을 상당히 보완하였다. 이야기 전개의 보완이 그 대표적 예이다.

먼저 보완의 예로서 《삼국연의》 1회의 '도원결의' 이야기를 들 수 있겠다. 관우의 의와 관련된 이야기의 출발점이 사실상 유비·장비와의 결의형제에 대한 약속을 평생토록 지킨 것에서 시작되어진다. 이 '도원결의' 이야기는 관우·장비·유비가 관우의 상징과도 같은 의를 맺는 이야기이다. 《평화》 상권 上卷 엔 이 이야기가 다음과 같이 묘사되어 있다.

그날 유비는 시장에서 신발을 다 팔고 난 뒤에 마실 술을 사러 주점으로 왔다. 관우와 장비 두 사람이 현덕공의 모습이 비범함을 보고 이루 말할 수 없는 행운을 만나게 되었다고 여겼다. 관공이 현덕공에게 술잔을 권했다. 현덕공 또한 두 사람의 용모가 비범함을 보고, 심히 기뻐하며 사양하지 않고 술잔을 받아 마셨다. …… 장비를 따라 그의 집으로 갔다. 후원에는 복숭아밭이 있었고, 그 복숭아밭 안에는 조그마한 정자가 하나 있었다. 장비는 두 사람을 청해 그 정자 위에 벌여 놓은 술자리로 안내하였고, 그곳에서 세 사람은 즐겁게 술을 마셨다. 술자리에서 세 사람은 나이로 각자의 서열을 정했는데, 현덕공이 가장 연장자이고 관공이 그 다음이었으며 장비가 가장 아래였다. 이로써 나이가 많은 자는 형이 되고 적은 사람은 아우가 되었다. 그리고 백마를 잡아 하늘에 제사 지내고, 검은 소를 잡아 땅에 제사 지내며, 같은 날 나기를 구하지 않았으나, 오직 같은 날 죽기를 원하였다.

當日因販履于市賣訖, 也來酒店中買酒吃, 關,張二人見德公生得狀貌非俗, 有千般說不盡底福氣. 關公遂進酒于德公. 公見二人狀貌亦非凡, 喜甚, 也不推辭, 接盞便飲. …… 便隨飛到宅中. 後有一桃園, 園內有一小亭, 飛遂邀二公亭上置酒, 三人歡飲. 飲間, 三人各序年甲, 德公最長, 關公爲次, 飛最小. 以此, 大者爲兄, 小者爲弟, 宰白馬祭天, 殺烏牛祭地, 不求同日生, 只願同日死.[90]

이들 세 사람의 첫 만남이 술집에서 이루어졌고 이이 장비의 집으로 옮겨 결의를 한 것으로 되어 있다. 이야기의 골간은 그러하나 그 서술이 비교적 간단하기만 했다. 이런 이야기가《삼국연의》1회에서는 도원이라는 장소에서 의미 있는 결의형제를 맺는 성스럽고 장중한 분위기의 이야기로 꾸며져 있다.[91] 바로 여기서 관우의 의가 시작되어지는 것이다. 전체 소설의 이야기 전개에 있어 주요 인물 세 사람이 어떻게 만났는지 소설 발단의 주요한 내용이다. 이 '도원결의' 이야기는 세 사람의 만남을 더 보완해 넣어 자연스럽게 전체 이야기를 훨씬 더 소설답게 해 주었다.

---

90 種兆華, 앞의 책, 378쪽.
91 羅貫中,《三國演義》, 앞의 책, 1~6쪽.

관림 안의 유비 · 관우 · 장비 모신 상

또다른 보완의 예로서《삼국연의》의 관우의 '항조귀한降曹歸漢'
이야기를 들 수 있다. 관우가 조조에 투항하여 그 수하에서 공을 세
우며 지내다 유비를 찾아 떠나게 되는 이야기이다.

관우의 "항조귀한降曹歸漢" 이야기는《평화》에서는 아주 간단한
것이었다. 그러나 역사서의 내용이 관우 형상 창조에 도움이 되지
않는다는 판단 하에《삼국연의》의 작가는 이것을 고쳐 관우가 유비
에게 보내는 편지를 구상해낸다. 이로써 그가 조조에게 항복한 주
요한 과실은 깨끗이 씻어버리고 그의 결정을 오히려 적절하고 합리
적인 것으로 바꾸어 놓는다. 그 결과 관우의 '충의'의 모습을 더욱
돋보이게 만들어 관우의 이상적 예술 형상 창조에 더 긍정적 작용
을 하게 하였다.

또 장료가 관우에게 '죽음으로 충절할 필요가 없다'고 설득하
는 장면도 가공해 첨가했다. 장료는 "관우가 만약 여기서 죽는다면
공도 세우지 못했을 뿐만 아니라, 세 가지 죄를 짓게 된다. 조조에게
항복하면 무죄이면서 세 가지 기회가 생긴다. 첫째 유비의 두 부인
을 지킬 수 있고, 둘째 도원결의의 맹세를 저버리지 않는 것이 되고,

셋째 후일에 유용한 몸을 남겨둘 수 있다"[92]라고 말한다. 장료는 관우의 진정한 친구답게 그의 마음을 너무 잘 알고 있었고, 그런 그의 임기응변을 관우가 받아들이게 했던 것이다. 관우는 선택의 여지가 없는 상황이었지만 그 상황에서도 신중함과 의연함을 잃지 않았다. 이것은 유비가 극한 상황에서 다급한 마음으로 스스로 원소를 찾아간 행동과 결과는 비슷한 의탁이었지만 전혀 다른 효과를 내었다. 결국 관우는 마지막까지 정정당당한 대장부로서의 모습을 잃지 않았을 뿐만아니라 대의명분을 지킨 의인으로서의 모습이 더 강화되었던 것이다.

관우의 피할 수 없는 아픈 행적일 수밖에 없는 이 이야기를 소설 《삼국연의》 25회에서는 '삼약三約'을 구상해내어 이야기 전개를 자연스레 보완해주면서 관우의 충의정신을 손상시키지 않고 지켜주게 된다. '삼약'은 첫째, 한漢에 항복하는 것이지 조조에게 항복하지 않는다는 것, 둘째, 두 부인에게 봉록과 안전을 제공할 것, 셋째, 유비의 행방을 알게 되면 바로 떠나게 해줄 것이었다. 그러면서 이 중 한 가지라도 들어주지 않으면 항복하지 않겠다고 하였다.[93]

작가는 관우가 조조에게 세 가지 약속을 지킬 것을 요구하며 전혀 초라하지 않고 오히려 더 당당하게 투항할 수 있게 만들었다.

---

92   羅貫中,《三國演義》(北京: 人民文學出版社, 2001), 第二十五回, 129-130쪽 참조.

93   羅貫中,《三國演義》, 앞의 책, 130쪽.

대의명분이 분명한 충의지사의 높은 이미지를 관우의 몸에 구현하여 독자들의 눈앞에 당당하게 서게 만든 대목이라 하겠다.

소설에서 이 장면은 관우의 충의정신을 부각시키면서 동시에 조조의 능숙하고도 대담하게 유능한 인재를 받아들이는 담력과 도량을 진실하게 묘사하였다. 두 영웅적 인물의 개성화에 성공한 대목이라 하겠다. 조조는 도량을, 관우는 의리와 절개를 보여주어 독자들에게 감동을 주게 된다. 인물의 현실적 삶에 바탕한 역사적 진실을 예술의 진실로 승화시킨 부분이 되어 관우 형상이 오래도록 민간인들에게 숭배되어지게 한 매력적 요소로 작용하게 된다.

이 이야기의 출발이 되는 내용은 《평화》에 아주 간단하게 다소 다르게 실려 있다. 《평화》 중권에는 이렇게 묘사되어 있다.

관공이 말했다. "내가 만약 조조에게 투항하면 어떻겠소?" 장료가 말했다. "곧 중책을 내릴 것입니다. 매월 400관과 400석의 봉록을 드릴 것입니다." 관공이 말했다 "만약 세 가지 조건만 들어준다면 바로 항복하겠소." 장료가 말했다 "장군께서 말씀해 보시오." "나와 황숙의 부인은 한 집에 살되 거처를 따로 해 줄 것이며, 만약 황숙의 소식을 알게 되면 바로 가서 만날 수 있게 할 것이며, 한나라에 항복하는 것이지 조조에게 항복하는 것이 아니라는 것을 인정해 주면, 후에 승상에게 큰 공을 세워 주리다. 이 세 가지 조건대로 해 준다면 즉시 항복할 것이고, 만약 그렇지 않으면, 싸우다 죽겠소."

關公曰: "我若投曹, 如何?" 遼曰: "便加將軍重職, 每月四百貫四百石." 關公曰: "若依我三件, 便降" 張遼曰: "將軍言." "我與夫人一宅分兩院, 如知皇叔信, 便往相訪; 降漢不降曹; 後與丞相建立大功. 此三件事依, 卽納降; 若不依, 能死戰." [94]

《평화》에서는 이런 정도로 묘사해 놓았지만 소설에서는 '삼약'으로 인해 의를 지키는 인물로 확대 과장되면서 멋있게 서술되어져 있다. 이처럼 소설에서 작가는 관우가 조조에게 세 가지 약속을 지킬 것을 요구하며 전혀 초라하지 않고 오히려 더 당당하게 투항할 수 있게 만들어 주었던 것이다. 이러한 이야기 전개의 보완이 바탕되어 있었기에 후일 조조를 떠나 유비에게로 돌아가는 과정을 그린 '항조귀한'의 이야기 속에서 관우는 조조의 은혜를 저버린 배은망덕한 비겁한 배신자가 아닌, 유비와의 인연을 초지일관 지키기 위해 돌아가야만 하는 충의지사로 묘사되어지게 된다. 바로 '삼약' 이야기가 그 명분의 근거를 마련해 주었던 것이다. 그래서 관우의 이미지는 의를 평생토록 잃지 않는 의연한 의인의 형상으로 창출되어지게 된다.

이 외에도 '관공천리독행' 이야기도《평화》에는 이 부분 중 단지 '참채양' 부분만 있고 '오관육참장五關六斬將' 이야기는 들어 있지 않다.[95] 그러나《삼국연의》27회에서는 관우 인물의 무용을 돋보이게 하기 위해 이야기 구성의 짜임새와 전개의 긴박감을 보완하여 멋있는 이야기로 꾸며놓았다.[96]

이상의 이야기들은《평화》에서의 내용을 확대 정리하여 그의 형상성을 보완한 것이라 하겠다. 즉《평화》에서 보여진 관우 인물의

---

94   種兆華, 앞의 책, 416~417쪽.

95   種兆華, 앞의 책, 421~423쪽.

96   羅貫中,《三國演義》, 앞의 책, 138~142쪽.

이상적 요소가《삼국연의》소설에서는 완벽한 이상적 인물 형상으로 승격되어 창출되어진다.

완전한 허구 사용

또한 소설에서는 완벽한 관우 형상 창출을 위해 이야기 전개과정에 허구의 기법을 사용하기도 하였다. 완벽한 이상적 관우 형상을 창조하기 위해 삭제, 강화, 보완 등의 기법을 사용하고도 여전히 부족한 부분에 대해서는 아예 허구를 사용하여 새로운 이야기를 만들어 넣었던 것이다.

예를 들면 '항조귀한' 이야기 속의 애매모호한 관우의 행동에 대해 명분을 더 완벽히 부여하기 위해 아예 새로운 구상을 더해 넣기도 하였다.《삼국연의》26회를 보면 관우가 유비에게 보내는 편지를 구상해내어 이야기를 서술하고 있다.[97] 이 글을 통해 오해와 비난의 소지가 있었던 관우의 행적은 오히려 시종일관 유비에 대한 충과 의를 잊은 적이 없는 충의로운 사람으로 바뀌어 버린다. 이로써 그가 조조에게 항복했던 큰 과오는 깨끗이 씻어져버리고 조조를 떠나기로 한 그의 결정이 오히려 적절하고 합리적인 결단으로 바뀌어 버린다. 이런 대목을 구상해 넣어 관우의 충의의 모습을 더욱 돋보이게 만들어 관우의 이상적 예술 형상 창조에 더 긍정적 작용을

---

97   羅貫中,《三國演義》, 앞의 책, 137쪽.

하게 하였다.

이와 같이 허구를 사용한 내용의 보완을 통해 소설 속에서 작가는 관우를 굴복의 순간에도 부끄럽지 않은 인물이 되게 하였고 나아가 후일 조조를 떠나는 '항조귀한'의 이야기를 통해 오히려 명분이 투철한 충의지사의 숭고한 이미지를 관우에게 심어주어 그를 떳떳하게 만들어 주었던 것이다.

그리고 그 유명한 화용도華容道 이야기 역시 완벽한 관우 인물 형상 창조를 위한 허구이다. 역사서에는 적벽대전에서 패배한 조조가 화용도를 지나갔다는 짧은 기술만 있을 뿐이다.[98] 관우가 조조를 풀어주는 이야기는 역사서에는 기재조차 되어 있지 않고,《평화》에도 간단한 서술만이 있다.《평화》 중권을 살펴보면 그 내용이 이렇게 기술되어 있다.

조공은 화용로를 택하여 길을 재촉했다. 20리쯤 가다가 500명의 창도수를 만났다. 관장군이 앞길을 막고 있었던 것이다. 조승상이 좋은 말로 부탁했다: "운장께서는 조조를 좀 보아주시오. 수정후께서는 은혜를 좀 베풀어 주십시오." 관공이 말했다: "군사의 명령이 엄중하여 그럴 수가 없습니다." 조공이 관공의 진영을 뚫고 나가려고 했다. 한편, 말을 하는 사이, 얼굴에 근심하는 빛이 역력하던 관공은 조공을 슬그머니 보내 주었다.

曹公尋華容路去. 行無二十里, 見五百校刀手, 關將攔住. 曹相用美言告:"雲長

---

98   《三國志》卷1《武帝紀》: "山陽公載記曰 : '公船艦爲備所燒, 引軍從華容道步歸'" 陳壽, 앞의 책, 23쪽.

看操,亭侯有恩." 關公曰:"軍師嚴令." 曹公撞陣. 却說話間, 面生塵霧. 使曹公得脫.[99]

그러나 소설《삼국연의》50회에서는 관우의 의리를 중시하는
면모를 부각시키려고 관우가 의식적으로 조조를 놓아주었다는 이
야기로 꾸며져 서술되고 있다.[100]《평화》에서의 아주 적은 몇 글자의
이야기에 바탕하여 작가가 세심한 필치로 허구를 가하여 생생한 장
면으로 표현해 내어 관우의 인자함과 의리를 확실하게 부각시켰던
것이다.

또한 관우가 어떻게 죽었는가 하는 죽음 부분도 완벽한 관우
형상 창조에 영향을 미치는 대단히 중요한 대목이다. 역사서《삼국
지 · 관우전三國志·關羽傳》의 기록[101]을 보면 관우는 건안 24년에 조조
와 손권의 협공이라는 상대방의 전략조차도 잘 파악하지 못한데다
미방糜芳과 사인士仁 같은 부하 장수들을 제대로 관리하지 못해 다
소 허망하게 패하여 손권에 의해 아들 관평關平과 함께 참수를 당
하게 된다. 또한《평화》하권에서도 관우의 죽음을 부정적으로 묘사

---

99   種兆華, 앞의 책, 437쪽.
100   羅貫中,《三國演義》, 앞의 책, 255쪽.
101   《三國志 · 關羽傳》:"二十四年 , …… 司馬宣王,蔣濟以爲"關羽得志 , 孫權必不願也. 可遣人勸
      權躡其後 , 許割江南以封權 , 則樊圍自解", 曹公從之. 先是 , 權遣使爲子索羽女 , 羽罵辱其
      使 , 不許婚 , 權大怒° 又南郡太守糜芳在江陵 , 將軍士仁屯公安 , 素皆嫌羽自輕；羽之出軍 ,
      芳,仁供給軍資 , 不悉相救 , 羽言"還當治之", 芳,仁咸懷懼不安. 於是權陰誘芳,仁 , 芳,仁使人
      迎權°而曹公遣徐晃救曹仁 , 羽不能克 , 引軍退還° 權已據江陵 , 盡虜羽士衆妻子. 羽軍遂散.
      權遣將逆擊羽 , 斬羽及子平於臨沮." 陳壽, 앞의 책, 635~636쪽.

하고 있다.

관공이 출전하자, 위와 오 양 군이 협공해 왔고, 관공은 형주의 동남쪽 산봉우리에서 곤경에 빠지게 되었다. 그리고 며칠 뒤에는 큰비가 내렸다. 오와 위 두 나라 관리들은 형주에 이르러 성인이 죽었다고 하면서, 교묘한 말로 형주를 분열시켰다.

關公出戰, 兩國夾攻, 關公在荊州東南, 困于山嶺. 落後數日, 大雨降. 後說吳,魏兩國官員至荊州, 言聖歸天, 巧說分了荊州. [102]

위 책에서는 관우의 죽음을 위와 오 양국에 의해 협공을 당해 죽었다고 간단히 이야기하고 있다. 이와 같은 흔히 볼 수 있는 장수로서의 평범한 죽음이 소설《삼국연의》77회에서는 허구의 수법을 사용하여 마지막 순간까지 최선을 다하며 비장한 각오로 결전을 벌이다 끝내 잡혀 장렬하게 죽음을 맞이하는 이야기로 바꾸어 놓았다.[103] 어떤 한 인물을 이상화시켜 완벽한 인물 형상을 창출하는데는 출생이나 죽음이 대단히 중요한 요소이기에 작가는 관우의 단순한 죽음을 거룩한 전사로 승화시켜 관우 형상은 더욱 완전하고 당당한 절정에 이르게 한다.

이외에도 소설《삼국연의》5회에서 관우가 동탁의 장수 화웅華雄의 용맹에 눌려 있던 반동탁군 진영을 위해 술이 채 식기 전에 화

102   種兆華, 앞의 책, 472쪽.
103   羅貫中,《三國演義》, 앞의 책, 386~387쪽.

웅을 베어버리고 돌아오는 이야기[104]는 관우의 엄청난 무용과 용맹을 매우 위엄있게 표현하고 있다. 또 소설《삼국연의》53회에서 관우가 말의 실수로 위기에 처한 황충黃忠 을 살려주는 이야기[105]에 이르러서는 관우가 의리를 대단히 중요시하는 인물임을 두드러지게 묘사하고 있다. 이 모두가《평화》에서는 전혀 기록되지 않은 이야기인데 소설《삼국연의》에서 내용이 덧붙여진 것으로 완벽한 관우 인물 형상 창출을 위해 꾸며진 허구이다.

역사서에 기록된 관우의 평범한 죽음과《평화》에서 천신天神 의 부름을 듣고 스스로 칼과 말을 버리고 죽음을 맞는 결말을 모씨본《삼국연의》에서는 허구의 수법을 사용하여 장렬하게 죽는 이야기로 만들어 내었다. 이러한 과정을 거쳐 관우 형상은 더욱 완전하고 당당한 절정에 이르게 된다. 결국 모씨 부자에 의해 관우 형상이 이상적이고 완벽한 형상화를 이루게 되어 중국 사상문화사와 문학사에 독보적인 것이 되었던 것이다.

이상과 같은 부정적 요인의 삭제와 긍정적 요인의 부각이라는 내용적 면에서의 기법, 이야기 전개의 보완과 완전한 허구의 사용이라는 형식적 면에서의 기법은 모두 관우의 완벽한 이상적 인물 형상을 창출하기 위한 것이었다. 이런 시도는 성공적으로 이루어져 관우라는 인물을 한 차원 높은 수준의 경지로 끌어올리게 된다. 그

---

104   羅貫中,《三國演義》, 앞의 책, 26쪽.
105   羅貫中,《三國演義》, 앞의 책, 267쪽.

리하여 소설《삼국연의》속의 수많은 명장들이 각기 용맹, 지략, 대담 등의 구체적인 한 가지 특징만을 지니고 있는데 비해 관우는 이 모든 것을 겸한 장수가 되어 완벽한 인물로 형상화된다.[106] 이렇게 조성되어진 완벽한 이상적 관우 형상은 이후 관우 신격화의 주된 요인이 되어 관우숭배문화의 형성에 큰 역할을 하게 된다.

---

106   劉海燕, 앞의 책, 172~173쪽 참조.

관우 형상의 특징

영웅적 모습

역사소설《삼국연의》에서 관우 형상이 지닌 두드러지는 특징은 과거 역사적 행적에 근거하여 영웅적 모습을 구현하고 있다는 점이다. 이 영웅적 모습은 소설에서 관우 이야기를 서술함에 있어 영웅전기식 서사구조를 통해 나타나고 있다. 영웅전기식 서술이란 전체 이야기 줄거리 전개를 통해 역사 속 영웅의 모습을 재현하는 것이다. 이에 역사 연의소설《삼국연의》속 관우 이야기는 역사적 근거와 그 이야기의 원형이 존재하게 된다.

《삼국연의》는 중국의 장편 역사 연의소설로서 오랜 기간 축적된 민간문학적 토대 위에 나관중羅貫中의 예술적 완성을 거쳐 만들어졌다.《삼국연의》의 두드러진 주요한 특징은 줄곧 촉한蜀漢 중심의 관점에서 관우라는 인물을 부각시켜 이상적 인물로 창조해 나가는 이야기 구조를 지니고 있다는 점이다.《삼국연의》에서 관우 형상을 창출해 가는 이야기 구조를 지닌 부분으로 대표적인 것이 바로 조조를 떠나 유비에게 돌아가는 '항조귀한抗曹歸漢' 이야기이다. 이 '항조귀한' 이야기를 살펴보면, 제25회에서부터 시작되어 제28회에까지 이어지는데 다음과 같은 작은 이야기들로 나누어져 구성되어 있다. 하비下邳 성을 잃는 부분, 토산에 주둔하며 세 가지 약속을 하는 부분, 촛불을 잡고 아침을 기다리는 부분, 안량顔良 과 문추文醜 를 베어버린 부분, 직위와 재물을 마다하는 부분, 다리에서 이별하는 부분, 주창周倉 채양蔡陽 이야기 부분, 다섯 개의 관문을 통과하며 여섯 장수를 베는 부분 그리고 고성固城 에서 뜻을 함께하는 부분 등의 이야기로 구성되어 제28회에서 일단락되고 있다. 그러나 내용적 의미에 있어서 이 이야기 줄거리의 마지막은 적벽대전 후 관우가 화용도華容道 에서 조조를 놓아주는 부분에서 끝을 맺고 있다 할 수 있겠다.

이 이야기 전개과정을 통해 관우는 평생 의리를 저버리지 않는 의의 화신으로 그 형상이 드높여져 후일 관우 문화 속에서 모든 이로부터 숭배받고 추존되는 요인을 갖추게 된다. 여기에서 관우의 상징인 의가 완성되어진 것이다. 물론 이 대목의 이야기는 다른 민간문학 작품에서도 다루어지고 있긴 하지만 관우의 비중이《삼국연의》에 미치지 못한다.[107] 이 이야기처럼《삼국연의》는 이상적인 관우 형상 창출을 골간으로 소설의 전체 줄거리가 이어지고 있다. 즉 관우 이야기를 서술함에 영웅전기를 창작하는 서사구조를 취하면서 역사 연의소설의 특성상 기본적으로 역사 속 사실을 원형으로

하여 변형하고 보완하며 이야기를 재구성하고 있다는 것이다. 관우
형상의 영웅적 모습 창출의 역사적 근거와 그 이야기의 원형을 살
펴보도록 하자.

'고성회固城會' 이야기

관우의 영웅전기적 '항조귀한' 이야기의 핵심 내용인 '고성회固
城會' 이야기를 살펴보자. 이 이야기를 태동시키게 한 역사 속의 근
거와 배경을 살펴보면 다음과 같은 기록이 있다.《삼국지 · 관우전三
國志·關羽傳》에는 이렇게 기술되어 있다.

건안 5년, 조조가 동쪽 정벌에 나서자 유비는 원소에게로 달려갔다. 조
조는 관우를 생포하여 돌아왔다.

建安五年，曹公東征，先主奔袁紹. 曹公禽羽以歸.[108]

또《삼국지 · 선주전三國志·先主傳》에도 이런 기록이 나온다.

건안 5년, 조조가 동쪽으로 유비를 정벌하자 유비는 대패하였다. 조조

---

107 《三國志平話》(이하 약《平話》)와 元 雜劇《關雲長千里獨行》에도 실려 있는데, 두 가지 모두
     '五關斬將'과 '服周倉'의 이야기는 없다. 明 傳奇《固城記》에서도 이 부분 이야기를 재현하고
     있다. 劉海燕,《從民間到經典》(上海, 上海三聯書店, 2004), 158쪽, 張志江,《關公》(北京, 中國
     社會出版社, 2008), 84-85쪽 참조.
108 陳壽, 撰 裵松之 注,《三國志》(上 · 下)(長沙, 岳麓書社, 2006), 633쪽.

는 그 병력을 다 손에 넣었으며, 유비의 처자식을 포로로 잡고 아울러 관우를 사로잡아 돌아왔다.

五年, 曹公東征先主, 先主敗績. 曹公盡收其衆, 虜先主妻子, 幷禽關羽以歸.[109]

《삼국지·무제기일 三國志·武帝紀一》에도 이렇게 기록되어 있다.

마침내 조조는 동쪽으로 가서 유비를 공격하여 무찌르고 그 장수 하후박을 생포하였다. 유비는 원소에게 도망갔고 그 처자는 포로로 잡혔다. 유비의 장수 관우가 하비에 주둔하고 있었는데 다시 진격해 공격하자 관우는 투항하였다. 창희가 배반하여 유비를 도운 적이 있었기에 또 공격하여 무찔러버렸다.

遂東擊備, 破之, 生禽其將夏侯博. 備走奔紹, 獲其妻子. 備將關羽屯下邳, 復進攻之, 羽降. 昌豨叛爲備, 又攻破之.[110]

이러한 역사적 사실에 근거하여 구성되어진 '고성회' 이야기는 건안 5년 조조가 동쪽으로 유비를 정벌하는 역사적 배경에서 기인하게 된다. 이 기록들을 볼 때, 관우가 생포된 건지 투항한 건지 다소 차이가 있긴 하지만 결국 관우는 조조에게로 끌려갈 수밖에 없는 엄청난 곤경에 처했던 것이다. 역사서 속의 관우가 조조에게 투

---

109   陳壽,《三國志》, 앞의 책, 589쪽.
110   陳壽,《三國志》, 앞의 책, 14쪽.

항한 사실에 근거하여 작가는 이야기를 파생시켜 소설화시킨 것이다. 즉 관우가 조조에게 잡혀있다 조조를 떠나 고성에서 유비, 장비와 다시 만나게 된다는 '고성회' 이야기가 바로 이러한 역사적 사실에 그 원형을 두고 꾸며진 것이다.

'자안량刺顔良' 이야기

'항조귀한' 이야기의 한 전환점이 되는 '자안량刺顔良' 이야기도 그러하다. '항조귀한' 이야기의 한 대목으로《삼국연의》제25회를 보면 관우가 조조 진영에 머물러 있던 시절 원소袁紹의 대장군 안량을 베어버린 유명한 이야기가 있다.《삼국지 · 무제기일三國志·武帝紀―》의 기록과,《삼국지 · 관우전三國志·關羽傳》의 기록을 보면 다음과 같은 내용이 기록되어 있다.

이월, 원소가 곽도 순우경 안량을 보내어 백마에서 동군태수 유연을 치게 했다.

二月, 紹遣郭圖, 淳于琼, 顔良攻東郡太守劉延於白馬.[111]

원소가 대장군 안량을 보내어 백마에서 동군태수 유연을 치게 했다. 조조는 장료와 관우를 선봉에 세워 공격하게 했다. 관우는 안량의 깃발과 수레덮개를 멀리 바라보다 말을 채찍질하여 달려 수만의 군사들 속에서 그 목을 베어 돌아왔다. 원소의 장수 가운데 관우를 당해낼 자가 없어 마침내 백

---

111   陳壽,《三國志》, 앞의 책, 14쪽.

마의 포위를 풀었다.

紹遣大將軍顏良攻郡太守劉延於白馬, 曹公使張遼及羽為先鋒擊之. 羽望見
良麾蓋, 策馬刺良於萬眾之中, 斬其首還, 紹諸將莫能當者, 遂解白馬圍. 曹公
即表封羽為漢壽亭侯.[112]

　이에서 알 수 있듯이 관우가 안량을 참한 사실은《삼국지三國
志》정사에 기록된 관우의 훌륭한 용맹스런 전공이다. 관우는 건안
5년 조조에게 사로잡혀 그의 편장군偏將軍 이 된다.[113] 백마전투에 참
가해 수만 대군 속에서 적장 안량의 머리를 베어 단숨에 조조의 인
정을 받게 되어 한수정수漢壽亭侯 에 봉해진다. 정사에 기록된 역사
적인 이 사건은 관우가 세상에 널리 알려지게 되는 계기가 된다.

　《삼국연의》소설에서는 앞뒤 줄거리의 연관성을 위해서, 또한
서사의 생동감과 영웅전기적 서사를 위해 이야기를 충분히 늘어서
서술하였다. 유비가 원소를 충동질하여 조조와 전쟁을 하게 하여
안량이 출정하게 되는 것, 조조가 여러 가지 계산 하에 관우를 출전
시키는 것, 관우가 수천수만의 군사 속에서 용맹을 발휘하여 안량
의 목을 베는 것, 관우가 백만 군사 속에서 적장의 머리 베기를 주머
니 속의 물건 취하듯 한다고 장비를 칭찬하는 것 등등의 이야기를
더 넣어 흥미와 긴장감을 더해주었던 것이다. 역사원형에 근거해
훨씬 더 멋있는 이야기로 파급시킨 대표적 이야기이다.《삼국연의》

112　　陳壽,《三國志》, 앞의 책, 633쪽.

113　　《三國志 · 關羽傳》: "建安五年, 曹公東征, 先主奔袁紹. 曹公禽羽以歸, 拜為偏將軍." 陳壽,
　　　　《三國志》, 앞의 책, 633쪽.

소설에서 이 이야기에 이어 꾸며져 있는 문추 이야기는 민간문학에서 다뤄지던 내용이《삼국연의》에 반영되어진 것이다.[114]

'토산에 주둔하여 세 가지 일을 약속하다 屯土山約三事 ' 이야기

'토산에 주둔하여 세 가지 일을 약속하다屯土山約三事 ' 이야기를 살펴보자. 이 이야기 역시 역사 속에 그 이야기를 태동시킨 원형이 있다. 이 이야기는 관우의 역사적 기록에서가 아니고, 관우를 설득한 장료와 관계 있는 기록으로《삼국지 · 장료전三國志·張遼傳 》에 실려 있다.

장료가 하후연과 동해에서 창희를 포위하였다. …… 사람을 보내 창희에게 이르길 : "조공이 명령을 내렸으니 장료가 조공의 뜻을 전할 것이요." 창희가 과연 내려와 장료와 대화를 나누었다. 장료가 그에게 권했다. "조공은 신과 같은 위엄과 무용을 갖고 있으며 인자한 덕으로 천하를 편안히 다스리고 있소. 먼저 그에게 의탁하는 자는 큰 상을 받을 것이오." 이에 창희는 투항하기로 하였다. 장료는 마침내 단신으로 삼공산에 올라 창희의 집으로 들어가 그 처자를 만났다. 창희는 기뻐하며 그를 따라가 조조를 만났다.

與夏侯淵圍昌豨于東海, …… 乃使謂豨曰: "公有命, 使遼傳之." 豨果下與遼語, 遼爲說太祖神武, 方以德懷四方, 先附者受大賞. 豨乃許降. 遼遂單身上三公山,

---

114   宋 洪邁《容齋續筆》卷11《名將晚謬》에 "關羽手殺袁紹二將顏良, 文醜于萬衆之中."라는 기록이 있고(劉海燕, 앞의 책, 161쪽),《平話》에는 '關公刺顏良' 이야기에 이어 '關公誅文醜' 이야기가 나오는데 장소가 官渡로 되어 있고, 묘사가 자세하지 않다.(種兆華, 앞의 책, 419쪽.) 이후《三國演義》소설에서는 장소가 延津으로 바뀌어져 있다.

入豨家, 拜妻子, 豨歡喜, 隨詣太祖.[115]

　　이를 보면 장료가 고립되어 있던 창희昌豨를 성공적으로 설득하여 투항하게 하였다. 비록 그 상황이 관우의 경우와는 다소 다르지만《삼국연의》소설 속 이야기의 원형을 발견할 수 있다. 먼저 역사 속에서 장료가 혼자 삼공산三公山에 올랐다는 기록이 소설《삼국연의》속에서는 혼자 토산에 올랐다는 것으로 살짝 변형되긴 하였지만 아주 흡사하다. 또한 장료가 상대를 설득하여 투항시켰다는 것도 비슷한 점이다. 이런 장료와 창희의 실제 있었던 역사적 사건에 착안하여 관우와 장료의 토산 이야기가 만들어지고 '삼약三約'을 내세우며 항복하는 줄거리의 이야기가 나올 수 있었던 것이다. 즉 역사적 원형을 소실에서 바꾸어 이야기로 꾸며내었음을 알 수 있다. 이중 '삼약'의 내용 부분은 소설에서 지어낸 허구로서 민간에 유행하였던 여러 작품에서 다루어진 이야기를《삼국연의》에 반영한 것이다.[116]

'참채양斬蔡陽' 이야기

　　'참채양斬蔡陽' 이야기 역시 역사적 원형을 변형한 것이다. '항조귀한' 이야기 전개과정에《삼국연의》제28회를 보면 관우가 채양

115　陳壽,《三國志》, 앞의 책, 357쪽.

116　《平話》, 元 雜劇《關雲長千里獨行》, 明 傳奇《固城記》에 각각 비슷한 내용의 '三約'이 있다. 劉海燕,, 앞의 책, 160쪽 참조.

의 목을 베어 용맹을 보여주는 '참채양' 이야기가 있다. 이 이야기도 역사적 원형이 존재한다.《삼국지 · 선주전 三國志·先主傳》에는 이렇게 기록되어 있다.

원소가 유비를 보내 병력을 거느리고 다시 여남으로 가게 하니 도적 공도 등과 합류하여 그 병력이 수천 명이나 되었다. 조조는 채양을 보내어 그를 공격했는데, 채양은 유비에게 죽음을 당한다.

紹遣先主將本兵復至汝南, 與賊龔都等合, 衆數千人. 曹公遣蔡陽擊之, 爲先主所殺.[117]

이에 의하면 관우가 조조를 떠나 유비에게 돌아온 후 원소는 유비에게 군사를 이끌고 다시 여남을 되찾으라 하였고, 유비는 공도 龔都 등과 수천 명을 규합하여 전투에 나선다. 이에 조조는 채양을 보내 대적하게 하였으나 유비에게 죽음을 당하고 만다.

이렇게 유비가 채양을 물리쳐 죽인 역사적 사건이 소설《삼국연의》에서는 채양을 목 베는 '참채양' 이야기가 되어 유비, 관우, 장비 세 사람의 고성취의 古城聚義 전, 모이는 과정에서 관우와 장비가 대립하여 갈등하는 장면 속에 놓여진다. 채양의 출현이 관우를 의심하고 있던 장비에게 더 큰 오해를 낳자, 관우는 채양은 참하여 장비에게 본심을 분명히 밝히고 형제의 의를 확인시킨다. '항조귀한' 이야기 전개의 위기 부분이라 할 수 있는데, 장비가 관우에 대한 불

---

117   陳壽,《三國志》, 앞의 책, 590쪽.

신이 극에 달해 있는 상황을 오히려 극적으로 반전시키는 계기가 된다. 관우와 장비가 갈등하는 대목에 채양을 이용하여 이들의 갈등과 불신을 봉합하고 고성에서의 만남을 이루게 하는 전환점으로 활용하고 있는 것이다. 역사적 원형을 소설의 이야기 전개에 잘 변형하여 활용한 것이라 하겠다.

또《삼국연의》제5회를 보면 간적 동탁董卓 을 토벌하기 위해 나선 반동탁군이 동탁의 장수 화웅華雄 의 용맹과 위세에 눌려 어쩌지 못하고 있던 상황에서 일개 궁수의 신분에 불과한 관우가 나서 적장 화웅을 술이 채 식기 전에 베어버리고 돌아오는 멋진 무용담이 있다.[118] 이 이야기 역시 역사적 원형이 있다.《삼국지 · 손파노전三國志 · 孫破虜傳 》를 보면 사실 화웅을 죽인 것은 관우가 아니라 바로 손견孫堅 이었다.

손견은 다시 병사들을 모아 양인에서 적과 싸워 동탁의 군대를 크게 무찌르고 동탁의 도독 화웅 등을 죽였다.
堅復相收兵, 合戰于陽人, 大破卓軍, 梟其都督華雄等.[119]

하지만 소설에서는 관우의 용맹을 드러내기 위해 작가가 그 공로의 주인공을 관우로 바꾸어 버린다. 그리고 손견은 오히려 반대로 낭패를 당한 모습으로 묘사하고 있다. 즉, 동탁을 토벌하는 과정

118 　羅貫中,《三國演義》(北京: 人民文學出版社, 2001), 26쪽.
119 　陳壽,《三國志》, 앞의 책, 735쪽.

에서 손견이 화웅을 죽여 올린 전공을 관우가 술이 채 식기 전에 화웅을 베어버리는 엄청난 용맹을 보여주는 장면으로 바꾸어 멋있게 서술한 것이다. 이 역시 역사적 원형을 전용하여 관우의 용맹 부각에 활용한 것이다.

'천리독행'과 '오관참장' 이야기

'항조귀한'의 이야기 속의 '천리독행'과 '오관참장' 이야기를 통해 또 다른 방식의 역사적 원형 활용을 볼 수 있다. 역사 속의 기록을 보면 관우는 조조에게 투항한 이후 조조로부터 융숭한 대접을 받고 있었다.《삼국지 · 관우전三國志·關羽傳》에는 이렇게 기록되어 있다.

조조는 관우를 사로잡아 돌아와 그를 편장군으로 삼고 매우 후하게 예우했다. …… 조조는 곧바로 표를 올려 관우를 한수정후로 봉했다.

曹公禽羽以歸, 拜爲偏將軍, 禮之甚厚. …… 曹公即表封羽爲漢壽亭侯.[120]

이를 보면 조조 진영 속에서의 그의 위치와 상황을 충분히 짐작할 수 있다. 조조로부터 후한 예우를 받으며 아쉬울 것 없는 시절을 보내던 그가 유비에게로 돌아갔다는 것 또한 역사 속 사실이다.《삼국지 · 관우전三國志·關羽傳》에는 이 부분이 이렇게 기록되어 있다.

관우는 조조가 내린 상을 모두 봉하고 고별의 편지를 써 놓고 원소 군

---

120   陳壽,《三國志》, 앞의 책, 633쪽.

대 속의 유비에게로 달려갔다. 조조 옆에 있던 사람들이 그를 뒤쫓으려고
했지만 조조가 말했다. "사람은 각자 자기 주인이 있으니 뒤쫓지 마시오." 관
우는 유비를 따라 유표에게 기탁했다.

羽盡封其所賜, 拜書告辭, 而奔先主於袁軍. 左右欲追之, 曹公曰:"彼各爲
其主, 勿追也. 從先主就劉表"[121]

관우가 유비를 찾아 돌아갔음은 분명한 사실이다. 이 기록을 보
면 이 이야기의 출발점은 조조의 군영이며 종착점은 유비가 있는
곳이다. 이 짧은 몇 구절의 기록이 원형이 되어 소설《삼국연의》에
서는 작가에 의해 엄청난 여러 가지 이야기로 꾸며지게 된다. 산문
문학 중에 역사산문은 줄거리 없이 간단한 사실적 결과만을 기록하
고 있다. 그리다보니 유비에게로 달려갔다는 역사 속 사실만 기재
되어 있을 뿐 실제 돌아가는 과정에 대해서는 어떤 기록도 없나보
니 후대사람들에게 무한한 상상을 가능하게 하여, 수많은 이야기를
창조해 만들어 내게 했다. 여기에서 '천리독행' '오관참장' 이야기가
만들어질 수 있는 공간이 제공되었던 것이다. 후대사람들은 이 공
간에 근거해 많은 상상을 더하고 오랜 기간의 전해 내려온 민간 전
설 등을 참고하여 이야기를 만들어내었던 것이다. 물론 그 이야기
들은 전체 이야기 줄거리에 흥미와 긴장감을 주는 서술일 뿐만 아
니라 관우 인물의 뛰어난 용맹과 남다른 의기 등을 부각시키는 이
야기로 활용되어지고 있다.

121　陳壽,《三國志》, 앞의 책, 633-634쪽.

이처럼 역사 속에서 그 발상은 얻었지만 역사적 근거가 다소 미약하다고 판단될 때에는, 부족함을 보완하기 위해 소설 속에 다른 작은 이야기들을 넣어 사실적인 이야기로 꾸며놓고 있다. 그래서《삼국연의》소설에서는 '천리독행'이라는 큰 줄거리 속에는 약간의 작은 이야기가 포함되어 있다. 예를 들면 '괘인봉금掛印封金' 이야기가 그러하다. 이 또한《삼국지·관우전三國志·關羽傳》에는 짧게 기록되어 있다.

관우는 조조가 내린 상을 모두 봉하고 고별의 편지를 써 놓고 원소 군대 속의 유비에게로 달려갔다.

羽盡封其所賜, 拜書告辭, 而奔先主於袁軍.[122]

그러나《삼국연의》제26회에서는 이 짧은 기록에 근거해 관우가 조조로부터 받고 있던 물질적 풍요로움과 여유 있는 생활을 마다하고 아무런 미련 없이 모든 것을 버리고 떠나는 멋있는 이야기로 꾸며져 묘사되고 있다. 동한 말엽의 그 어려운 시대적 상황을 감안하면 이런 관우의 역사 속 행동은 엄청난 모험이자 결단이기에 이에 대해 어떤 지지와 찬사를 보내도 욕됨이 없는 것이다. 소설의 작가는 바로 이점에 착안하여 더 많은 구상과 수식을 더해 이야기를 멋있게 꾸며내어 관우의 영웅적 면모를 한껏 부각시켰던 것이다. 그래서 '괘인봉금' 이야기를 꾸며내 관우의 명리에 대한 초연함

---

122   陳壽,《三國志》, 앞의 책, 633쪽.

과 조조에 대한 단호한 거절을 표면적으로 드러내어 의리 있고 품격 높은 인물로 만들고 있다.

'병촉달단秉燭達旦' 이야기

소설에서는 역사적 원형을 유추하여 이야기를 지어 내기도 하였는데 '병촉달단秉燭達旦' 이야기가 대표적인 사례이다. 《삼국연의》 제25회의 '병촉달단' 이야기는 역사 속 관우의 모습에 그 근거를 두고 유추되어 만들어진 이야기이다. 관우는 유가적 가치관을 지니고서 《춘추》를 가까이 한 문인적 풍모를 지닌 장수였다.[123] 그런 그가 유가적 도덕관념을 존중하는 것은 당연한 일일 것이다. 이에 착안하여 꾸며낸 이 이야기는 이러한 특징을 잘 드러낸다. 촛불을 부여잡나는 뜻의 '병촉' 구상은 중국 전통문화 속 남녀유별의 도덕적 예절 관념에서 나온다. 관우가 조조에게 요구한 '삼약' 중의 두 번째 '상하를 막론하고 일절 문 안에 들어가지 못하게 할 것'이나 조조가 내어 준 허창의 집을 형수들과 나누어 거주한 '일택분양원一宅分兩院'의 행동이 바로 그런 것이다. 특히 촛불을 부여잡고 밤새 책을 읽으며 날이 밝기를 기다리는 모습은 관우의 절개를 상징적으로 보여 주는 것으로, 역사 속에 나와 있는 명리에 초연한 그의 모습을 이해하고 지지하게 만드는 대목으로 이를 통해 관우의 품격은 더 높아져 가게 되었다.

이 이야기 외에도 몇 가지 이야기를 더 만들어 '괘인봉금' 이야

---

123   陳壽,《三國志》, 앞의 책, 636쪽. "江表傳曰：羽好左氏傳，諷誦略皆上口."

기를 보완하고, '항조귀한' 이야기의 줄거리를 알차게 만들었는데, 제27회의 파릉교의 이별 이야기와 '오관육참장五關六斬將' 등의 이야기가 그러한 것이다. 이 중 조조와의 파릉교에서의 이별장면 이야기는 조조와의 단호한 결별을 확실하게 보여주기 위한 구성이었고, '다섯 관문을 지나면서 여섯 장수를 목 벤'오관육참장' 이야기 역시 조조와의 결별임과 동시에 '귀한'하는 분명한 의지를 보여주기 위한 이야기 구성인 것이다.

이상에서 살펴본 '항조귀한' 이야기는 소설《삼국연의》에서 꾸며진 이야기이지만, 관우라는 인물의 영웅전기와 같으며 그 원형은 과거의 역사적 사실에 근거하고 있다. 이처럼 소설에서 꾸며진 관우 형상의 영웅적 모습은 촉한 중심적 관점에서 관우라는 인물을 부각시켜 이상적 인물로 창조해나가는 과정에서 정형화 되어진 것이다. 모든 줄거리가 관우의 단점은 보완하여 가려주고 장점은 부각시켜 미화하는 틀 속에서 이루어지고 있다. 이렇게 형상화되어진 이상적 관우 형상은 관우 인격 정신의 전형을 보여주고 있으며 동시에 대단한 예술적 매력과 감응력을 갖추고 있다.

이 '항조귀한' 이야기 외에도 부주의하여 형주를 잃었다는 '대의실형주大意失荊州' 이야기 역시 영웅전기적 서사 부분이다. 이 이야기는 제66회 '단도부회'에서 시작하여 제77회 맥성에서 패하는 부분까지이다. 관우의 영웅적 기개를 지닌 모습, 두려움 없이 충과 의로써 헌신하는 정신, 마지막 순간에도 의를 지키며 생을 마감하는 비극적인 장면 등을 보여준다. 이 두 가지가 모두 영웅전기적 서사구조를 지니고 있는데 특히 '항조귀한' 이야기가 더욱 영웅전기적 모습을 담고 있다고 하겠다. 이런 이야기를 통해 관우 형상의 영웅적 모습이 나타난 것이다.

신적인 모습

소설《삼국연의》에서 관우 형상이 지닌 또 하나의 특징은 인간의 경계를 뛰어넘는 신적인 모습이 있다는 점이다. 소설에서 작가는 우선적으로 역사 속 인물의 모습에 근거해 가장 완벽한 관우의 이상적 인격 형상을 창출해놓고 있다. 동시에 이런 현실세계 속의 현실적 인물 형상 조성에만 그치지 않고 현실을 벗어난 초현실적인 형상 조성의 단서 또한 보여주고 있다.

자세히 살펴보면《삼국연의》소설 속에는 관우가 신이 되어 가는 영험하고 신령스러운 줄거리를 허구로 구상해 넣어 놓고 있음을 알 수 있다. 민간신앙에서의 귀신같기도 하고 종교영역에서의 신 같기도 한 초현실적인 분위기를 지니고 있는 것이다. 이러한 신적인 모습은 인간의 영역을 뛰어넘는 어떤 능력을 암시하고 묘사해주어 후일 관우를 신격화하고 숭배하게 하는 요인으로 작용하게 된다. 사실상 관우 숭배의 한 단서가 제공된 대목인 것이다. 물론 소설이 태동하기 전부터 관우는 민간전설에서 신격화 되고 있었지만, 이 소설이 나와서 세상에 영향을 떨침으로 해서 그 신격화를 가속시켜 주었던 것이다. 소설 속에서 관우 신격화의 단서가 되는 신적인 모습을 살펴보도록 하자.

보정普淨 스님과의 인연

보정普淨 스님과의 인연이 그 출발점이 되고 있다. 그와의 만남을 먼저 살펴보자. 신적인 모습이란 인간세계가 아닌 다른 차원의 개념이기에 우선 인간세계를 벗어나야 그 존재가 가능하며 의미가 있는 것이다. 소설에서 관우가 인간세상을 떠나 신이 되는 모습과 연관된 인물이 바로 보정普淨 스님이다. 《삼국연의》 제27회에서 보정과 관우는 사수관泜水關에서 처음 만날 때부터 과거의 인연을 얘기하며 무언가 특별한 관계가 있는 듯 묘한 느낌을 준다. 보정은 진국사鎭國寺의 승려로 관우와 동향사람이다. 그들의 대화는 간단하나 깊은 뜻이 내포되어 있다.

"장군께서는 포동을 떠난 지 몇 해나 되었습니까?" 관공이 말하기를 "거의 20년이나 되었습니다." 보정이 말하길 "빈승을 기억하시겠습니까?" 관공이 말하길 "고향을 떠난 지 오래되어 기억하지 못합니다." 보정이 말하길 "빈승의 집과 장군의 집은 단지 강 하나를 사이에 두고 있었습니다." …… 보정 스님에게 감사해하며 말하길 "만약 스님이 아니었더라면 저는 놈들에게 죽음을 당했을 것입니다." 보정이 말하길 "빈승도 이곳에 있기가 어렵게 되었으니 의발을 수습하여 다른 곳으로 가서 떠돌아다니렵니다. 훗날 아마 다시 뵐 기회가 있겠지요. 장군께서는 부디 보중하십시오."

"將軍離浦東幾年矣?" 關公曰: "將及二十年矣." 普淨曰: "還認得貧僧否?" 公曰: "離鄕多年, 不能相識." 普淨曰: "貧僧家與將軍家只隔一條河." …… 謝普淨曰:

"若非吾師, 已被此賊害矣." 普淨曰: "貧僧此處難容, 收拾衣鉢, 亦往他處雲游也. 後會有機, 將軍保重." **124**

이 이야기는 관우가 조조를 떠나 유비를 찾아가는 과정에서 다섯 관문을 지나며 여섯 장수를 베는 대목에서 나온다. 세 번째 관문 사수관에서 이처럼 관우는 갑자기 등장한 동향인 보정과 뜻밖의 만남을 하게 된다. 그리고 보정의 도움에 의해 변희卞喜의 계략을 피해 그를 베어버리고 사수관 관문을 통과하게 된다. 보정은 이별을 하면서 아마 다음에 만날 기회가 있을 거라는 여운의 말을 남긴다. 이 말이 바로 후일 관우가 죽은 후 옥천산玉泉山에서의 재회를 암시한 것이다.《삼국연의》 제77회에 이 사연이 등장한다.

관공의 혼백은 흩어지지 않고 유유히 떠올라가 한 곳에 이르렀는데, 그곳은 형문주 당양현에 있는 옥천산이었다. 그 산 위에 한 노승이 있었는데 법명은 보정이었다. …… 3경이 지나 보정이 암자에 혼자 가만히 앉아 있는데 별안간 공중에서 어떤 사람이 큰 소리로 외쳤다. "내 머리를 돌려다오!" …… 보정은 그가 관공임을 알아보았다.

關公一魂不散, 蕩蕩悠悠, 直至一處: 乃荊門州當陽縣一座山, 名爲玉泉山. 山上有一老僧, 法名普淨. …… 三更已後, 普淨正在庵中默坐, 忽聞空中有人大呼曰: "還我頭來!" …… 普淨認得是關公. **125**

---

124 羅貫中,《三國演義》, 앞의 책, 140-141쪽.
125 羅貫中,《三國演義》, 앞의 책, 387쪽.

이렇게 관우와 보정은 다시 만나게 된다. 이 관우현성 대목이 후일 관우 숭배의 근원적 한 출발점이 된다. 옥천산에서 보정 스님은 종교적 힘을 발휘하여 관우를 신으로 승화시켜 버린다. 여기에서부터 현실을 떠난 모습의 관우는 이후 신적인 모습으로 소설의 주요 줄거리 대목마다 나타나 그 영험함을 보여주며 점점 그 형상이 신격화되어져 간다.

인과응보의 응징

　　관우는 신적인 모습으로 인과응보의 응징에 나타난다. 신으로 승화되어진 관우의 신적인 모습은 먼저 그를 해친 적들에게 나타나 응분의 보복을 가하며 그 위력을 발휘한다.《삼국연의》제77회에 관우가 신이 되어 나타나 손권을 욕하는 대목이 있다.

　　손권은 친히 술을 따라 여몽에게 주었다. 여몽이 술을 받아서 마시려다 별안간 잔을 땅에 내던지고 한 손으로 손권의 멱살을 쥐며 목소리를 높여서 크게 욕하며 말하길 "이 눈깔 푸르고 수염 붉은 쥐새끼 같은 놈아! 나를 알겠느냐?" …… 내가 황건적을 무찌른 후로 천하를 횡행하기 30여 년인데 지금 하루아침에 네 놈의 간계에 빠지고 말았으니 내가 살아서 네 놈의 육신을 씹지 못한다면 죽어서 네 놈의 혼을 쫓아다닐 테다. 나는 한수정후 관운장이다."

　　親酌酒賜呂蒙. 呂蒙接酒欲飮, 忽然擲杯于地, 一手揪住孫權, 厲聲大罵曰: "碧眼小兒! 紫髯鼠輩! 還識我否?" …… "我自破黃巾以來, 縱橫天下三十餘年, 今被汝一旦以奸計圖我, 我生不能啖汝之肉, 死當追呂賊之魂! 我乃漢壽亭侯關雲長也." [126]

관우가 여몽의 몸을 빌려 나타나 자신을 죽인 원수 손권을 혼나게 해 아연실색하게 만들고 여몽은 피를 흘리며 죽게 만들어 버린다. 관우의 신적 위력이 인과응보의 차원에서 여몽의 목숨을 앗아 적을 응징하는 모습을 통해 나타나기 시작하는 것이다.

계속하여 또 다른 원수 조조를 응징함에도 그 신적인 모습은 위력을 보여준다. 《삼국연의》 제77회에는 그 모습을 이렇게 묘사하고 있다.

사자가 목갑을 바치자 조조가 받아 뚜껑을 열고 보니 관공의 얼굴이 평소와 다를 것이 없었다. 조조가 웃으며 말하길 "운장공, 그간 별고 없으셨소?" 말을 마치자마자 관공이 입을 벌리고 눈알을 굴리며 수염과 머리털을 몽땅 곤두세우니, 조조가 놀라서 까무러쳤다.

呈上木匣, 操開匣視之, 見關公面如平日. 操笑曰: "雲長公別來無恙!" 言未訖, 只見關公口開目動, 鬚髮皆長, 操驚倒.[127]

동오는 관우를 참수한 후 유비의 보복이 두려워 관우의 머리를 조조에게 보내게 된다. 이에 조조는 기쁜 마음으로 관을 열어 보게 되는데 관우가 인간을 넘은 다른 모습으로 나타나 이처럼 혼줄을 빼놓은 것이다. 관우는 앞서 손권을 혼내더니 조조 앞에 나타나 조조를 실신하게 만들어 결국 두 원수를 모두 응징하여 버린다. 실로

---

126   羅貫中, 《三國演義》, 앞의 책, 388쪽.

127   羅貫中, 《三國演義》, 앞의 책, 389쪽.

인간의 영역과는 다른 관우의 신적인 모습을 잘 나타내 주고 있다.

자신의 억울함을 호소

관우는 신적인 모습을 통해 형님 유비에게 자신의 억울함을 호소한다. 관우의 신적인 모습은 형님 유비의 꿈에 나타나 그 억울한 죽음을 알리면서 이어지고 있다. 《삼국연의》제77회를 보자.

별안간 방 안에 찬바람이 일며 등불이 꺼지는 듯하다가 다시 켜지기에, 현덕이 고개를 들어보니 등불 아래 한 사람이 서 있었다. 현덕이 묻기를: "너가 누구이기에 이 깊은 밤중에 내 내실에 들어왔느냐?" 그 사람은 대답이 없었다. 현덕이 의아해 일어나 자세히 보니 그는 관공인데 등불 그림자 아래 어둠 속을 왔다 갔다 하며 자꾸 몸을 피했다. 현덕이 말하길: "아우, 그간 별고 없었나? 깊은 밤중에 여기를 왔으니 반드시 무슨 까닭이 있겠네." …… 관공이 울며 말하길: "원컨대 형님께서 군사를 일으켜 아우의 원한을 풀어 주십시오." …… 현덕이 놀라 깨어보니 그것은 꿈이었고 때는 3경이었다.

就室中起一陣冷風, 燈滅復明, 擡頭見一人立于燈下. 玄德問曰: "汝何人, 賣夜至吾內室?" 其人不答. 玄德疑怪, 自起視之, 乃是關公, 于燈影下往來躱避. 玄德曰: "賢弟別來無恙! 夜深至此, 必有大故. …… 關公泣告曰: "願兄起兵, 以雪弟恨!" …… 玄德忽然驚覺, 乃是一夢: 時正三鼓[128]

관우가 억울하고 안타까운 죽음을 당한 후 유비의 꿈에 나타

---

128   羅貫中,《三國演義》, 앞의 책, 389쪽.

난 것이다. 그 혼령이 그의 죽음을 알리면서 눈물을 흘리며 유비에게 군사를 일으켜 아우의 한을 풀어 달라 한 것이다. 이 꿈은 실제로 후일 동오와의 큰 전쟁으로 이어지게 되니 그의 신령스런 영험성이 톡톡히 효력을 발휘한 셈이 된다. 이후 관우는 다시 한 번 유비의 꿈에 나타나는데, 유비가 동오와의 전쟁에서 대패하고 백제성으로 돌아와 그 후유증으로 죽음을 앞두고 있을 때였다. 《삼국연의》 제87회엔 그 대목이 이렇게 묘사되고 있다.

홀연히 음산한 바람이 일어나 등불이 꺼질 듯 깜박거리다 다시 밝아졌다. 등불 그림자 아래에 두 사람이 시립해 있는 것이 보였다. …… 선주가 일어나 살펴보니 좌편은 운장이요 우편은 익덕이었다. …… "신 등은 사람이 아니라 귀신입니다. …… 형님과 아우들이 한자리에 모일 날이 멀지 않았습니다." 선주가 그들을 붙잡고 목을 놓아 울었다. 문득 놀라 깨어나 보니 두 아우가 보이질 않았다.

忽然陰風驟起, 將燈吹搖, 滅而復明. 只見燈影之下, 二人侍立. …… 先主起而視之, 上首乃雲長, 下首乃翼德也. …… "臣等非人, 乃鬼也. …… 哥哥與兄弟聚會不遠矣." 先主扯定大哭. 忽然驚覺, 二弟不見.[129]

관우와 장비가 유비의 꿈에 함께 나타나 이미 귀신이 되었음을 알리며 곧 함께 모이게 될 것임을 알려주는 부분이다. 이 두 번의 꿈에서 볼 때, 관우는 현실을 떠난 상황에서도 신적인 모습을 통해 유

---

129   羅貫中, 《三國演義》, 앞의 책, 426쪽.

비, 장비와 현세와 내세를 뛰어넘은 깊은 형제의 의를 보여주고 있음을 알 수 있다. 아직은 인간적 모습이 짙게 깔려 있어 완전한 신으로서의 신격 형상이 갖추어지지 않고 있음을 볼 수 있다. 인간으로서의 모습과 신적인 모습이 중첩되고 혼재되어 있는 것이다.

변함없이 자식을 보호

관우는 신적인 모습으로서도 변함없이 자식을 보호하고 있다. 이 역시 인간적 모습을 아직 탈피하지 못한 것인데 살펴보면 신분만 신으로 바뀌어져 있을 뿐 아직은 인간적 모습이 더 강하고 절실해 보이는 대목이다. 관우는 현실을 떠났음에도 신적인 모습을 통해 두 번씩이나 나타나 아들 관흥에 대한 변함없는 사랑과 지지를 보여준다. 《삼국연의》 제83회를 보면, 관우는 그의 신상神像을 받들고 있는 어느 한 산간의 인가에 나타나 아들 관흥이 반장潘璋을 참하고 청룡언월도를 찾는데 도움을 준다.

관흥이 그를 보고는 곧 칼을 손에 들며 큰 소리로 꾸짖으며 이르길: "네 이놈, 도망칠 생각마라!" 반장이 몸을 돌려 나가려 하였다. 바로 문 앞에서 한 사람이 무르익은 대추 같은 안색, 봉의 눈, 누에 눈썹에 세 가닥의 아름다운 수염을 펄럭이며 녹색 전포, 황금 투구차림으로 검을 손에 들고 들어왔다. 반장은 관공이 현성한 것을 보자 크게 외마디 비명을 내지르며 혼비백산하였다. 다시 몸을 돌려서 피하려 했으나, 이미 관흥의 손이 칼을 들어 올리자 땅 위에 쓰러졌다.

"關興見了, 按劍大喝曰: "夕賊休走!" 璋回身便出. 忽門外一人, 面如重棗, 丹鳳眼, 臥蠶眉, 飄三縷美髥, 綠袍金鎧, 按劍而入. 璋見是關公顯聖, 大叫一聲, 神魂驚散: 欲待轉身, 早被關興手起劍落, 斬于地上.[130]

죽어서 까지도 신적인 모습으로 나타나 자식을 도와주는 부모로서의 인간적인 모습을 잃지 않고 있다. 관우의 인격과 신격을 동시에 볼 수 있는 대목이라 하겠다. 또《삼국연의》제94회를 보면, 관흥이 강족의 장수 월길원수越吉元帥 와의 싸움에서 물 속에 빠져 죽음의 위기에 처하자 관우가 신이 되어 나타나 그를 구해준다.

관흥은 스스로 저 사람이 내 목숨을 구해주었으니 당연히 만나보아야 한다고 생각하고 말을 달려 뒤쫓아 갔다. 가까이 다가가 보니 운무 속에 희미하게 한 대상이 있는데 그의 얼굴은 무르익은 대추 빛이요, 눈썹은 누운 누에 같고 초록 전포에 황금 투구를 썼고, 손에 청룡도를 들고 적토마에 앉아서 손으로 아름다운 수염을 쓰다듬고 있었다. 관흥은 그가 분명 자기 부친 관공임을 알아보고 깜짝 놀랐다. 문득 관공이 손으로 동남쪽을 가리키며 말하길 "내 아들아 빨리 이 길을 향해 가거라. 내가 너를 보호하여 네 영채로 돌아가게 해주마." 말을 마치자 보이지 않았다.

興自思此人救我性命, 當與相見, 遂拍馬赶來. 看看至近, 只見雲霧之中, 隱隱有一大將, 面如重棗, 眉若臥蠶, 綠袍金鎧, 提靑龍刀, 騎赤兔馬, 手綽美髥. 分明認得是父親關公. 興大驚. 忽見關公以手望東南之曰: "吾兒可速望此路去. 吾當護汝歸寨." 言訖不見[131]

---

130   羅貫中,《三國演義》, 앞의 책, 415쪽.

관우가 아들 관흥을 긴박한 상황에서 구해주기 위해 신적인 모습으로 나타난 것이다. 인간 세계를 떠났음에도 인간으로서의 가치관과 모습을 잃지 않고 보여주고 있다. 아직은 전지전능하고 초연한 신적인 모습보다 자식을 아끼고 사랑하는 인간적인 모습을 보여주고 있는 것이다.

전쟁신으로서의 신격

관우의 신적인 모습은 한편으로 전쟁신으로서의 신격도 보여주고 있다. 관우는 결국 위에서 살펴본 바와 같이 신적인 모습으로 전투의 상황에 두 번이나 나타난 셈이다. 비록 아들 관흥을 위해서이긴 하지만 결과적으로는 분명 전쟁터에서 승리를 도와주는 신의 모습을 보여주고 있는 것이다. 신이 되어 전쟁터에 나타난 관우의 엄숙한 용모와 정중한 태도는 마치 살아생전의 모습과 같이 묘사되어 있다. 전쟁신의 모습은 관우의 가장 기본적인 신성 중의 하나이다. 후세에 나타난 관우의 신적인 모습의 많은 부분은 호국안민과 연관이 있다. 물론 관우는 소설이 태동되기 전 송대 민간전설에서부터 백성들에게 해를 끼치던 치우蚩尤를 관우신이 물리쳐 세상을 보호했다는 전설[132]이 있을 정도로 이미 전쟁신으로 신격이 보여지고 있었다. 그러나 역시 소설이 유행한 이후 본격적으로 전쟁신으로 모셔지게 된다. 이후 민간인은 물론이고 문인들 역시 관우의 전

---

131   羅貫中,《三國演義》, 앞의 책, 477쪽.

132   候學金 主編,〈關公戰蚩尤〉,《解州關帝廟》(解州: 解州關帝廟文物保管所, 1988), 189-191쪽 참조.

쟁신으로서의 신격을 그들의 시가를 통해 인정하였다.[133]

　이상에서 살펴 본 소설 속 관우 형상의 신적인 모습은 역사적 원형이나 근거는 없다. 이는 분명 민간에서의 관우에 대한 인기와 그에 따른 민간문화 영향과 민간인들의 종교적 욕구와 바람이 반영되어 이루어진 것이다. 이러한 사회 · 종교 · 문화적 분위기에 합리적인 허구를 더하여《삼국연의》에 관우의 신적인 모습이 반영되어 녹아든 것이다. 그래서 관우는 사람과 신의 신분과 모습을 동시에 지니고 역사 연의소설《삼국연의》속에 등장하게 된다. 결국 소설 속 관우 형상은 인격 형상에 신적인 모습이 겹쳐져 있게 되는 것이다. 관우라는 인물은 소설 속에서 평생토록 의를 잃지 않고 실천한 도덕적 면에서 가장 숭고하고 완벽한 이상적인 인물로 예술성을 갖추어 그려져 있기에 이런 다중적 의미의 소설 속 관우 형상이 현실과 초현실의 혼재 속에서도 독자들에게 황당무계한 혼란을 주기보다는 오히려 중국 전통사회 도덕문화에 잘 부합하며 받아들여졌던 것이다.

133　明 郭子章〈紀夢〉："夜夢壯繆侯, 車騎儼相過, 倒屐延之八, 席分賓主坐. 論賊無足虞, 秕糠易揚簸."《關帝事迹徵信編》卷二十九《詩詞》, 劉海燕, 앞의 책, 145쪽 참조. 明 張恒〈平泉紀異〉："君不見, 赫赫英靈如常在, 佑國誅賊顯台海. …… …… 又不見, 小子患瘤危篤時, 夢中常得帝扶持." 남덕현〈文人詩歌에 반영된 關羽 형상〉,《中國硏究》(2013.3), 12-13쪽 참조.

민족 정서에 부합하는 관우의 전형적 민족적 형상은 보편적 형태이면서도 독특한 특성을 지니고 있는데 그 구체적 내용을 살펴보면 다음과 같다.

첫째, 용勇을 표현하고 있다. 소설《삼국연의》에는 관우의 무용정신이 여러 대목에서 표현되어져 있다. 무용은 바로 충의정신을 구체화, 행위화한 것이다. 용은 또한 유가문화가 크게 선양하는 도덕적 관념과 규범이다.《예기 · 빙의 禮記·聘義 》에서는 "의를 지닌 것을 용감하다고 한다 有義之謂勇敢 "라고 했고. 공자도 "의를 보고도 따르지 않는 것은 용이 없는 것이다 見義不爲, 無勇也 "라고 했다. 이 뜻은 즉 용은 반드시 의에 부합되어야 한다는 것이다. 무용은 관우 형상의 외재적 특징으로 무용의 기질과 강건한 기질의 미를 지니고 있다. 이런 까닭에 관우가 의인, 세상을 주도하는 영웅, 정신적 기개와 풍모를 지닌 장수 등으로 형상화되어지는 것이다.

소설《삼국연의》속에서 관우는《관우참차주 關羽斬車冑》,《자안 량 刺顔良》,《참채양 斬蔡陽》,《살방덕 殺龐德》,《온주참화웅 溫酒斬華雄》《과오관참육장 過五關斬六將》등의 이야기를 통해 용맹스럽게 적을 대적하는 영웅기개를 지닌 장수로 잘 표현되어져 있다. 관우의 '용' 은 단순한 용맹만이 아니고 지혜가 함께하는 용인 것이다. 그래서 관우는 신중하면서도 강인하고 굳센 성격을 동시에 지니고 있는 것 이다.

둘째, 관우의 용은 충의를 표현하고 있다는 점이 매우 중요하 다. 그는 현명한 군주를 택해서 섬기고 어떤 물질적 유혹에도 빠져 들지 않고, 어려운 여러 가지 상황에도 불구하고 주군 찾아 천리길 을 떠나는 충의의 정신을 몸소 실천하였다.

'충의'는 공명, 장비, 조운, 관우 등이 모두 갖추고 있지만, 소설 《삼국연의》의 작가는 관우의 충의를 많은 우여곡절 속에서 가장 감 동적으로 묘사하였다. 관우의 '항조귀한' 같은 이야기는 매우 상세 하면서도 진실되게 묘사되어 있어 독자들에게 커다란 감동을 주고 있다. 이런 수준의 묘사는 기타 인물들에게는 부여하지 않는 특별 한 것이었다. 그러기에 관우 형상은 특별한 성격 특징을 지니게 되 어 같은 의라 하더라도 차별성을 지니게 된 것이었다. 즉 관우의 의 는 독특한 특성을 지니게 되어 공명의 '지 智'와 유비의 '인 仁'과 조 조의 '간 奸' 등의 특징들과 차이가 있다. 관우의 용은 결국 충의를 수반한 것이기에 돋보일 수 있었던 것이다.

셋째, 관우는 지혜의 화신이기도 하다. 소설《삼국연의》의《관 우잠성습차주 關羽賺城襲車冑》,《단도부회 單刀赴會》,《수엄칠군 水淹七

軍》등의 이야기 속에는 관우의 지혜가 한껏 묻어 있다. 이 대목에서 작가는 무엇보다 관우의 지혜에 무게를 두어 서술을 했다. 단지 용맹스러움만 있고 지모가 없다면 세상을 이끌 영웅이 될 수 없는 것이다. 지혜로써 일을 도모하여 업적을 세우면 그 용은 더욱 큰 성공을 얻게 되는 것이다. 이러하기에 관우의 지혜는 그의 용을 누구나 믿을 수 있는 한 차원 높은 '신용神勇'으로 만들었던 것이다.

넷째, 도덕적 인물로서의 의연함이다. 이 또한 관우 형상의 뚜렷한 성격 특징 중의 하나이다. 의연함이란 주로 사람의 의지의 강도와 인내심의 정도를 형용하는 말이다. 사람이 마음속에 충의를 행동규범으로 가지고 있고 동시에 무용과 지혜 및 의연함 등의 훌륭한 정신적 품성을 겸비하고서 일을 도모한다면 이루지 못할 것이 없을 것이다. 이런 관우 형상의 성격 특징은 소설 속에 상당히 부각되어 드러나 있다.

관우 형상의 완벽화

　　원말 명초 나관중 羅貫中 은 대중들의 끊임없이 높아가는 심미적 욕구를 만족시켜 주기 위하여 민간문학이 제공한 소재를 폭넓게 수용하고 역사적 근거를 바탕으로 하여 유가의 전통적 사상, 문화, 도덕관념의 토대에다 자신의 이상적 문예관과 사유체계를 발휘하여 역사소설《삼국연의》를 저술하게 된다. 이 소설에서 관우 형상이 완벽하게 창조되어 관우는 생활속 형상에서 예술적 형상으로 승화되어진다. 다면적이면서 정교하고 정형화된 예술적 전형인물이 되어 더욱 심미적 품격과 예술적 매력을 갖추게 되는 것이다.

　　나관중 소설《삼국연의》의 창작은 대략 원말에 시작되었다. 현존하는 최초판본은 명 가정 嘉靖 원년 1522년 에 조판, 인쇄된《삼국지통속연의 三國志通俗演義 》[134]이다.《삼국연의》는 민간인들은 물론이고 많은 문학 지식인들의 사랑과 관심을 받아 더욱 문학적 완성도를 높여가게 된다. 특히 청 강희 康熙 년간 1662년 에 나씨《삼국연의》의 독자였던 모륜, 모종강 부자는 이《삼국연의》를 비평 수정하여 소설적 면모를 더욱 갖추어 놓는다. 모씨 부자가 수정, 비평한《삼국연의》를 모본《삼국연의》라고 하며 이는 청대 이후로 가장 널리 유행한 판본이 된다.

　모본《삼국연의》의 수정 비평을 거치자 관우의 '충의'정신이 더욱 강화되어 관우 형상은 더 풍부해지고 개성은 더 뚜렷해져 수준 높은 예술적 감화력을 지니게 된다.《삼국연의》의 뛰어난 예술기법으로 인해 통치자로부터도 추앙받고 또 민간인들에게서도 숭배 받는 영웅형 관우 형상이 창출되어지게 된 것이다. 충의와 무용, 지혜, 의연함 등의 개성을 모두 갖춘 관우 형상이 여러 형태의 삶에 본보기가 되었던 것이다. 충의로 임금을 섬기고 벗을 대하였으며, 무용으로써 나라를 구하고 백성을 보호하였으며, 지혜로 일을 도모하여 업적을 세웠고, 의연하게 수신하며 스스로의 품성을 함양하였다. 유가의 전통적 문화가 찬양하는 모든 미덕이 비로소 관우의 한 몸에다 모였던 것이다. 이때부터 관우는 사람들이 지극히 좋아하는 품위를 갖춘 예술 전형적 인물로서 문학예술의 영역을 뛰어넘어 사회적 영향력을 본격적으로 발휘하게 된다.

　결국《삼국연의》는 역사적 인물인 관우를 민간문학에서 이루어 놓은 이상화의 바탕에 문학예술적 차원의 기교를 더하여 완벽한 예술적 관우 형상을 창출해 놓았던 것이다.

134　이를 이후 중국사람들이 간단히《삼국연의》라고 하며, 우리나라에서는《삼국지》라고 통칭하고 있다.

《삼국연의》를 원대《삼국지평화》와 비교해보면 작가 자신의 이상적 구상에 부합하는 여러 가지 이야기가 더해져 있음을 알 수 있다. 관우 형상의 완벽화를 위해 그 과정에 다양한 문학예술적 기법을 사용하였던 것이다.

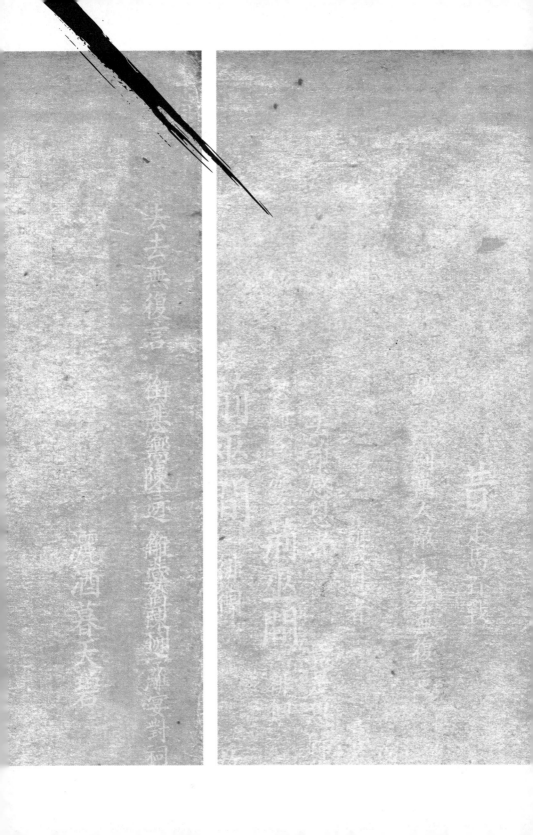

3장.

시와 관우

관우문화는 민간과 깊은 관계가 있다 보니 대개의 민간문학이 그러하듯 관우를 제재로 한 시가가 각종 시집과 지방지 등에 산재되어 있어 정리하기가 쉽지 않다. 명·청 이래 관우와 관련된 시가를 기록한 것을 대략 살펴보면 명대의 초횡焦竑 ·조흠탕趙欽湯 등이 편찬한《한전장군관공사지漢前將軍關公祠志》권卷 9《예문지하藝文志下》에 수록된 찬贊 13수, 송頌 1수, 가歌 4수, 부賦 3편, 시詩 81수가 있다. 청대 장진張鎭이 편찬한《해량관제지解梁關帝誌》권卷 4《예문하藝文下》에 수록된 시詩 104수, 가歌 4수, 부賦 2편, 송頌 3편, 찬贊 15수, 대련對聯 22부가 있다. 주광업周廣業 ·최응류崔應榴가 편찬한《관제사적징신편關帝事迹徵信編》권卷 29《시사詩詞》에 수록된 시 76수, 사詞 6수 등이 있다. 이 책들에 수록된 시가는 대체로 비슷하며 명대 시가의 수량이 가장 많다.[135]

관우와 삼국시대를 소재로 한 문인들의 시가는 시의 전성기인 당대 시인들의 시 속에서도 보인다. 관우를 비롯한 삼국 이야기는 당대에 이르러 본격적으로 민간에서 다양한 형태로 변주되어 더욱 보편화되어 졌기에 문인들에게도 좋은 시작의 소재였을 것이다. 당대 대시인 시성 두보杜甫는 삼국의 역사적 사실에 많은 관심이 있었던 것 같다. 그는〈촉상蜀相〉[136]을 지어 제갈량을 그리워했고,〈봉기장십시어奉寄章十侍御〉[137]에서는 역사 속 관우 행적의 가치를 인정하고 다른 인물에까지 비유하며 그를 추존하였다. 또한 만당 시인 이상은李商隱의 시가[138]에서도 삼국 이야기가 보이는 것처럼 민간인 들뿐만 아니라 문인들에게도 삼국시대 역사나 인물은 상당한 관심 거리였기에 그들의 시가 속에 자연스레 등장하였던 것이다.

135 劉海燕, 《從民間到經典》, 上海, 上海三聯書店, 2004, 139쪽. 본 고의 시가 원문은 《解梁關帝
     誌》(宋萬忠 武建華 標點注 釋, 太原, 山西人民出版社, 1992)에 근거하였고, 관우문화의 민간
     적 특성상 문헌상의 출전 확인이 쉽지 않아 확인할 수 없는 시가의 원문은 劉海燕이 앞의 책
     138-156쪽에서 정리하여 인용한 시가를 참고하여 재인용하였다.
136 杜甫, 〈蜀相〉: "丞相祠堂何處尋? 錦官城外栢森森. 映階碧草自春色, 隔葉黃鸝空好音. 三顧頻
     煩天下計, 兩朝開濟老臣心. 出師未捷身先死, 長使英雄淚滿襟." 류종목 외 역, 《시가》, 서울,
     명문당, 2011, 393-394쪽
137 杜甫, 〈奉寄章十侍御〉: "淮海維揚一俊人, 金章紫綬照青春. 指揮能事廻天地, 訓練强兵動鬼神.
     湘西不得歸關羽, 河內猶宜借寇恂. 朝覲從容問幽仄, 勿云江漢有垂綸." 김만원 외 저, 《두보전
     집》, 서울, 서울대학교출판문화원, 2010, 799쪽
138 李商隱, 〈驕兒〉: "或謔張飛胡, 或笑鄧艾吃."(《全唐詩》卷五四一)

관우의 인물을 묘사한 시

중국 고전시가 속에는 역사 속 인물 관우의 실물을 형용하여 묘사한 작품들이 많다. 《삼국지 · 관우전＝國志·關羽傳 》을 보면, 유비가 익주를 평정하고 관우에게 형주의 관리를 맡겼다. 관우는 마초가 투항해 왔다는 소식을 듣고 그에 대해 아는 바가 없었기에 제갈량에게 글을 써서 마초의 재능이 누구와 비길 만한지를 물었다. 제갈량은 자신이 더 우위에 있음을 인정받고픈 관우의 마음을 알았기에 마초를 문무를 겸비하고 용맹이 뛰어난 일세의 준걸로서 장비와 선두를 다투겠지만 멋있는 수염을 지닌 그대의 걸출함에는 미치지 못한다고 은근히 관우를 추켜세워 준다. 이 대목에서 제갈량은 관우의 턱수염이 매우 아름다웠기에 그를 염髯 이라 불렀다.[139] 이처럼 관우는 일찍이 멋있는 수염을 지닌 인물로 잘 알려져 미염공美髯公 이라고 불리게 되었다. 중국의 문인들은 관우의 긴 수염과 아름다운 수염 등을 소재로 하여 그의 형상을 묘사하는 시를 많이 지었다.

금金 대의 장순张珣은 〈의용행義勇行〉[140]에서,

> 용맹스런 담력으로 만인을 상대하니,
> 와룡이 유독 수염장군을 칭송하는구나.
>
> 桓桓膽氣萬人敵, 臥龍獨許髥將軍.

라고 하며 관우를 수염장군이라 하며 관우의 대표적 상징으로 수염을 내세우고 있다. 이처럼 수염은 관우의 상징적 특징이 되었고 다른 여러 시[141]에서도 관우를 대신하는 상징적 대체어로 수염을 내세웠다. 사실 창조되어진 관우 형상의 이미지 중 관우의 외모를 묘사하는 가장 돋보이는 형상이 수염이었다. 이는 소설이나 민간문학이나 문인들의 시가에서도 가장 두드러지게 묘사되어졌으며 중국 어디에서나 볼 수 있는 관우상은 모두 길고 멋있는 수염으로 조성되어져 있다.

　문인들은 수염을 관우의 대표적 이미지로 인식하고는 수염이라는 특징 앞에 다양한 수식어를 붙여 그 이미지의 의미와 정도를 보다 인상 깊게 표현하였다. '자줏빛 수염紫髥'이라는 표현으로 관

139　陳壽 撰, 裵松之 注, 《三國志 · 關羽傳》, 長沙, 岳麓書社, 2006, 634-635쪽 : "先主西定益州 , 拜羽董督荊州事。羽聞馬超來降 , 舊非故人 , 羽書與諸葛亮 , 問 "超人才可誰比類"? 亮知羽護前 , 乃答之曰 : "孟起兼資文武 , 雄烈過人 , 一世之傑 , 黥 彭之徒 , 當與益德並驅爭先 , 猶未及髥之倫逸群也."

140　《解梁關帝誌》卷四《藝文下》, 앞의 책, 257쪽

141　明 周尚文, 〈重謁武安王廟〉: "髥魄雖亡神萬古, 崇封嚴祀亦何榮",《解梁關帝誌》卷四《藝文下》, 앞의 책, 275쪽, 淸 邵賢, 〈謁關帝祠〉: "天若假髥存一日, 人誰撲鼎到三分" 등

우 형상의 정열적이고 강렬한 모습을 형용하였다. 하교신 何喬新 의
〈회관수정 懷關壽亭 〉을 보면

　　자줏빛 수염이 쇠와 같이 굳세도다. 紫髥劲如鐵. [142]

라고 하며 관우의 강건함을 자줏빛 수염으로 묘사했고, 명대 유찬 劉
撰 의 〈제대왕총 題大王冢 〉에서는

　　자줏빛 수염이 한번 떨쳐 천명을 넘어뜨리니,
　　넋 나간 안량의 간담이 서늘해지네.
　　紫髥一奮僕千夫, 魄奪颜良膽氣粗. [143]

라고 하며 자줏빛 수염으로 관우의 위용을 표현하였다. 또 관우의
늠름하고 품위 있는 풍모를 나타내기 위해 수염을 미화하여 '아름
다운 수염 美髥 '이라 표현하기도 했다. 예를 들면 명대 진성 陳省 의
〈정신무안왕묘안가 鼎新武安王廟顔歌 〉에서는

　　세상에 아름다운 수염이 만인을 상대하니,
　　위대하도다 하동의 관운장이여.
　　於時美髥萬人敵, 偉哉河東關雲長. [144]

142　劉海燕 앞의 책, 152쪽
143　《解梁關帝誌》卷四《藝文下》, 앞의 책, 264쪽

라고 하며 아름다운 수염으로써 관우의 위용을 표현했고, 팽몽조彭
夢祖 의 〈관왕묘사가關王廟祀歌 〉에서도

아름다운 수염을 검붉은 맹금처럼 날리우며,

도원에서 맺은 맹세로 세상을 대하고 있네.

美髥飄飄赤兔鷲, 桃園結盟對天地.[145]

라고 하며 아름다운 수염으로 관우의 출중한 풍모를 묘사하고 있다.

또 관우의 의연한 기개와 기상을 나타내기 위해 길게 드리운
수염의 모습을 '긴 수염 修髥 '이라고 표현했는데, 명대 래삼빙 來三
聘 의 〈알옥천산묘(기이) 謁玉泉山廟 (其二) 〉에서

긴 수염 떨쳐 바람과 비를 움직이니,

호랑이 장군이 당시 스스로 무리에서 돋보이는구나.

修髥拂拂動風雲, 虎將當年自逸群.[146]

라고 하며 긴 수염으로 탁월한 능력을 지닌 관우의 풍모를 묘사했
고, 진계유陳繼儒 의 〈관장군關將軍 〉에서도

---

144   《解梁關帝誌》卷四《藝文下》, 앞의 책, 346쪽
145   《解梁關帝誌》卷四《藝文下》, 앞의 책, 349쪽
146   《解梁關帝誌》卷四《藝文下》, 앞의 책, 326쪽

큰 몸집은 뜰을 채우고,

긴 수염은 얼굴에 나부끼네.

大身充其庭, 修髯飄煩輔.[147]

라고 하며 관우의 긴 수염으로써 그의 의연한 모습을 표현하고 있다.

또한 관우의 중후한 모습을 나타내는 표현으로 수염을 '희끗희끗한 수염 蒼髯'이라고 표현하였는데, 이춘광 李春光 의 〈알무안왕謁武安王 〉에는

붉은 얼굴은 한나라를 지키려는 마음이고,

희끗희끗한 수염은 세상에 빼어난 용모라네.

赤面心扶漢, 蒼髯貌絶倫.[148]

라고 하며 관우의 중후하고 무게 있는 모습의 상징으로 희끗희끗한 수염을 내세웠다.

이와 같이 문인들은 자줏빛 수염, 긴 수염, 아름다운 수염, 희끗희끗한 수염 등의 수식어를 사용하여 관우의 형상을 표현하고 있는데 모두 관우의 무장으로서의 용맹함이나 외모로서의 준수함이나

---

147   劉海燕 앞의 책, 152쪽
148   劉海燕 앞의 책, 152쪽

의인과 같은 의연함 등을 형용하는 긍정적인 이미지 창조를 위해 사용되고 있다. 수염髥 앞에 여러 가지 수식어를 붙여 관우라는 인물에 대해 보다 깊은 이미지를 형성하였던 것이다. 심지어 명대 이동양李東陽의 〈고악부영한수정후古樂府咏漢壽亭侯〉에서는

> 수염은 규룡과 같고,
>
> 눈은 횃불과 같다.
>
> 髥如虯, 眼如炬.[149]

라고 하며 관우의 수염을 용에다 비유하여 그의 신령스런 모습과 위용을 인정하고 있다.

이 외에도 솟구쳐 오르는 수염의 모양새를 나타낸 '흔염掀髥'[150] 이란 표현도 있고, 또 휘날리는 수염의 형용으로 '분염奮髥'[151]이란 표현을 써서 패기 있고 당당한 장수다운 모습을 그려내었다. 이처럼 문인들은 시가에서 관우 수염을 소재로 하여 다양한 관우의 형상을 나타냈던 것이다.

---

149   劉海燕 앞의 책, 152쪽

150   胡應麟, 〈謁漢壽亭侯廟歌〉: "為侯作歌侯俯讀, 掀髥一笑群吳牛.", 《解梁關帝誌》卷四《藝文下》, 앞의 책, 351쪽

151   周午, 〈題大王冢〉: "奮髥北伐將徙都, 白衣狙詐勞仁呼. 赤帝不靈天旣厭, 荊蜀中斷絶一隅.", 《解梁關帝誌》卷四《藝文下》, 앞의 책, 262쪽

뛰어난 용맹을 묘사한 시

　당대에 이미 삼국 이야기는 시인들의 좋은 시작의 대상이었다. 그중에서도 관우는 장비와 대비되며 시인들의 좋은 창작의 소재였다.[152] 이후 관우는 세월이 흘러가면서도 연이어 용감무쌍한 장수로 묘사되어지고 있다.

　명대 조흠탕의 〈집지특감輯志特感〉에는

칼 한 자루 들고 하구를 지키며,

형주의 모든 집들을 순찰하는구나.

夏口單刀駐, 荊門萬家巡.[153]

152 　李商隱, 〈籌筆驛籌〉: "管, 樂有才眞不忝, 關, 張無命欲何如?"(《全唐詩》卷五三九), 崔道
融, 〈過隆中〉: "可憐蜀國關, 張後, 不見商量徐庶功."(《全唐诗》卷七一四), 徐寅, 〈蜀〉: "雖
依關, 張敵萬夫, 豈勝恩信作良圖?"(《全唐詩》卷七一〇), 岑參, 〈東歸留題太常徐卿草堂〉:
"漢將小衛霍, 蜀將凌關, 張"

라고 하며 관우의 늠름한 기개를 묘사하고 있다. 삼국의 첨예한 이해관계가 맞물린 형주를 유비가 동오로부터 빌려 후일을 도모하는 기반으로 삼았는데, 이 중요한 지역을 관우가 늠름하게 10년이나 훌륭히 지켜낸 것을 칭송하는 시이다.

　문인들은 관우의 용맹을 동물에 비유하며 그 위용을 묘사하였다. 용맹의 대표적 상징인 호랑이에 비유하여 그 모습을 시가 속에 나타냈는데, 명대 허수許邃 는 〈알해주제묘謁解州帝廟 〉에서

> 용이 파촉의 땅에 나니 천하가 마침내 평정되고,
> 호랑이가 형양의 땅을 진압하니 기개가 스스로 영웅이라네.
> 龍飛巴蜀天終定,　虎鎭荊襄氣自雄.[154]

라고 하며 유비를 용에 비유하고 관우를 호랑이에 비유하며 두 인물의 역사 속 역할을 칭송하고 있다. 청대 마숙원馬淑援 도 〈알상평묘謁常平廟 〉에서

> 장군은 호랑이처럼 걸터 앉은 강표 땅의 영웅이었고,
> 황제의 후예는 용처럼 일으나 한중 땅에 걸쳤네.
> 將軍虎踞雄江表, 帝冑龍興跨漢中.[155]

153　《解梁關帝誌》卷四《藝文下》, 앞의 책, 311쪽
154　《解梁關帝誌》卷四《藝文下》, 앞의 책, 281쪽
155　《解梁關帝誌》卷四《藝文下》, 앞의 책, 340쪽

라고 하며 역시 관우를 호랑이에, 유비를 용에 비유하며 역사 속 모습을 형용하고 있다.

　이와 같이 관우의 용맹과 자질을 호랑이에 비유한 정도에 그치지 않고 더 나아가 곰과 호랑이의 자질을 동시에 지닌 것으로 묘사하며 그의 능력을 더 높이 칭송하기도 하였다. 예를 들면 명대 유정신 劉廷臣의 〈알해주제묘 謁解州帝廟〉에서는

　비록 곰 호랑이에 비유하지만,
　세상에서는 모두 신으로 따른다.
　雖為熊虎喻, 海內總依神.[156]

라고 하며 관우의 용맹을 곰과 호랑이에 비유하고 있다. 또한 청대 비밀 費密의 〈과형문묘 過荊門廟〉에서도

　장군은 영웅의 자질을 지니어
　강직하고 밝음이 오륜에 뛰어났다네.
　눈을 부릅뜨면 앞에 당할 자가 없어
　두려워하는 것이 마치 곰과 호랑이 같더라.
　將軍得雄分, 梗亮絕倫伍.
　盱目無當前, 畏者若熊虎.[157]

156　《解梁關帝誌》卷四《藝文下》, 앞의 책, 284쪽
157　《解梁關帝誌》卷四《藝文下》, 앞의 책, 342쪽

라고 하며 관우의 용맹과 품성적 자질을 곰과 호랑이에 동시 비유하고 있다. 호랑이의 역동성과 곰의 뚝심으로 관우의 용맹을 적절하게 묘사한 것이라 하겠다. 관우의 용맹이 용맹스런 동물로서도 대체할 수 없는 한 차원 높은 품격의 용맹임을 칭송하고 있는 것이다.

또한 두 종류의 동물로도 그 묘사가 모자라 아예 여러 가지 용맹스런 동물을 다 들어 관우의 품격 높은 용맹을 표현해보려 한 시구절도 있다. 예를 들면 여자고 呂子固 의 〈알해주묘謁解州廟 〉에서는

> 곰의 위엄과 표범의 지략은 천고에 뛰어났고,
> 호랑이처럼 기거하고 용처럼 날아올라 세상에 떨치었네.
> 熊威豹略超千古, 虎據龍驤震九州. [158]

라고 하며 너무나 뛰어나서 간단히 표현하기 어려운 관우의 지략을 겸비한 출중한 용맹스러움을 여러 동물의 장점으로써 형용하기도 했다. 심지어 그 용맹스러움을 극단적으로 무기인 창에 비유하며 그 위용을 묘사하기도 했다. 예를 들면 비밀의 〈과형문묘〉에

> 학문을 좋아하여 적을 감복시키고,
> 노하여 외치니 수염이 창과 같이 춤을 추네.
> 好學服敵人, 怒嘯髯戟舞. [159]

---

158   《解梁關帝誌》卷四《藝文下》, 앞의 책, 287쪽
159   《解梁關帝誌》卷四《藝文下》, 앞의 책, 342쪽

라는 구절이 있는데 수염을 휘날리며 활약하는 도덕적 품성에 바탕한 관우의 무용을 창에 견주며 대단히 싸움에 능한 용맹을 지녔음을 형용하고 있다.

이와 같이 문인들은 그들의 시가 속에서 관우의 용맹이 어떤 무엇으로도 쉽게 표현할 수 없는 특출한 수준의 품격 있는 용맹임을 칭송하고 있는 것이다.

훌륭한 품성을 묘사한 시

  의의 화신이며 문무를 겸비한 장수이자 충의와 의기로 뭉쳐진 인성에다 인격과 인품을 갖춘 인물 즉, 이 모든 것이 결집된 것이 바로 관우 형상이다. 이와 같이 관우 숭배의 근본적 요인은 그의 훌륭한 품성에 있다 할 수 있겠다.
  문인들은 시가에서 이런 관우의 품성에 대하여 묘사를 하고 있는데, 명대 문정명 文征明 의 〈제성상 題聖像 〉을 보면,

  문만 있고 무가 없다면 위엄 있다 할 수 없으며,
  무만 있고 문이 없다면 대장부가 아니다.
  누가 장군처럼 위엄과 무용을 지녔으며,
  전포를 벗지 않고 밤에도 책을 읽는다네.
  有文無武不威如, 有武無文不丈夫.
  誰似將軍威而武, 戰袍不脫夜觀書.[160]

라고 하고 있는데, 이는 관우가 무용만을 갖춘 장수에 그치지 않고 문무를 동시에 지닌 훌륭한 장수였음을 칭송하는 내용이다. 전포를 벗지 않고 밤에 보았다는 책은 유가의 경전인《춘추春秋》이다. 사실 관우는 평생토록 이 책을 곁에 두고 있었다고 전해진다.[161] 관우가 장수로서의 훌륭한 기개를 지킬 수 있게 한 정신적 토대가 바로 이 유가의 경전 즉《춘추》의 대의大義였던 것이다. 이러하니 후대 유가 문인들의 칭송을 한 몸에 받는 것은 어쩌면 당연한 것이라 하겠다.

어떤 이는 아예 이런 관우의 품행을 유가의 최고의 수준으로 인정하기도 했다. 예를 들면 도세민陶世敏의 〈관성독《춘추》關聖讀《春秋》〉에서는

한나라에 진정한 유가가 있어, 고독한 충신으로《춘추》를 회고하네.
당시에 난신을 걱정하였으니 천고의 공자와 같았다네
漢季有眞儒, 孤忠懷魯史.
當時懼亂臣, 千古如夫子.[162]

라고 적고 있는데, 여기서 이미 관우를 감히 공자와 견주며 대등하게 비교하여 성인의 지위에까지 올려놓고 있음을 알 수 있다. 이런 분위기는 계속되어 오늘날에도 중국에서는 공자를 문文 성인으

160 《解梁關帝誌》卷四《藝文下》, 앞의 책, 337쪽
161 陳壽 撰 裵松之 注,《三國志》(上・下), 長沙, 岳麓書社, 2006, 636쪽 "江表傳曰 : 羽好左氏傳 , 諷誦略皆上口."
162 《解梁關帝誌》卷四《藝文下》, 앞의 책, 335쪽

로 모시고 관우를 무武 성인으로 모시며 그들의 묘를 공림 孔林 과 관림 關林 이라고 하고 있다.

한걸음 더 나아가 유가의 사고 범주를 뛰어넘어 지고지순한 사고를 하는 그런 절대적이고 이상적인 성인의 수준으로 관우를 인정한 문인도 있었다. 대표적 문인으로 명대 '공안삼원 公安三袁 '으로 통칭되어지는 원종도 袁宗道 원굉도 袁宏道 원중도 袁中道 삼형제를 들 수 있겠다. 삼원의 고향 공안은 오늘날 호북성 공안현으로 형주의 옥천산 玉泉山 인근지역이다. 이들은 유가의 수준을 뛰어넘어 유교, 불교, 도교의 삼교합일적 조화사상을 바탕으로 한 이상적 사상을 추구하고 있었다. 이런 그들이 바로 관우를 그런 이상적 인물로 인정하였던 것이다. 삼원의 막내 원중도의 〈제관장군사 題關將軍祠 〉를 보면

온 몸의 피로 살아서의 인연을 다하고
조용히 산속에 예불을 하고 있네.
사람들이 말하는 몸은 나라를 위해 죽었고,
내가 말하는 몸은 참선을 즐기고 있네.
一腔血盡了生緣, 靜向山中禮佛筵.
人道肝腸能死國, 我言肋骨好參禪.[163]

---

163   袁中道,《珂雪齋集》,上海, 上海古籍出版社, 1989, 126쪽

라고 표현하고 있는데, 일반인들이 추구하였던 공명에 연연하지 않고 산속에 은거하는 참선의 마음가짐이 그 바탕임을 알 수 있겠다. 본시 공안삼원은 융통성 있는 다양한 사상세계를 지니고 있었다. 원중도는 그들 삼형제가 어느 한 부분에 치우친 학식이 아니라 종합적이고 다양한 학습을 하였음을 얘기하였다. 그는 〈이조생문서＝趙生文序 〉에서 다음과 같이 적고 있다.

　　나의 형제 세 사람은 모두 학문을 제대로 알지 못했다. 그래서 그 처음에는 실로 앞선 군자들이 계도한 것을 배움으로 삼았다. 그것들을 배울 때도 화려한 말이나 불경 등에 관계없이 종류마다 찾고 구하였다.

　　予兄弟三人, 皆齋知文, 而其始, 實先君子啓之以學. 學之時, 不論華言梵册, 種種搜求.[164]

　　이 글에서처럼 원중도는 학습을 대단히 중요시 하였다. 특히 유가적 관점의 경전뿐만 아니라 불가를 포함한 다양한 학식의 배양이 필요함을 역설하고 있는 것이다. 이런 유연한 사고를 지닌 공안삼원의 눈에 관우의 본질적 가치를 그냥 지나쳤을 리가 없다. 충분히 관우의 가치를 인식하였던 것이다.

　　이처럼 관우의 훌륭한 자질에 바탕하여 이루어진 뛰어난 품성은 민간인들은 물론이고 유가의 관점에서 보아도 너무나 매력적인 것이었기에 많은 문인들의 칭송을 받기에 부족함이 없었던 것이다.

164　　袁中道, 앞의 책, 489쪽

역사적 일대기를 칭송한 시

송대 통치자들은 통치의 목적을 위해 관우를 의도적으로 추존했다. 이에 따라 많은 관료와 문인 지식인들이 관우를 본격적으로 추앙하며 그들의 시가 속에 표현하게 된다. 특히 문인 사대부들은 역사 속의 관우 행적에 대해 칭찬을 마다하지 않았다. 이는 전설에 현혹되는 민간인들과는 달리 역사적 기록을 더 중요시하는 지식인들의 속성이기도 한 것이다.

송대 민간에 일었던 관우의 인기에 따라 통치자와 문인 지식인들 역시 칭송을 아끼지 않았다. 그들은 관우의 역사적 기록과 행적 속의 모습 중 훌륭한 전투를 수행한 것에 대해 주목을 하였다. 송대는 중국이 여러 이민족들로부터 침입을 받았었기에 나라를 지킬 능력을 지닌 장수에 대한 그리움이 그만큼 컸을 것이다. 관우의 행적에 대한 송대 문인들의 평가를 이해할 수 있는 시구가 있다. 황무재黃茂才 는 〈무안왕찬武安王贊 〉에서 관우의 일대기를 표현하고 설명

하였다.

> 기세는 세상을 뒤엎을 듯, 용맹스럽고 강건하였다네. 氣蓋世, 勇而强,
> 수많은 군중 속에서 안량을 베고, 萬衆中, 刺顔良.
> 몸은 한으로 돌아왔으니, 그 뜻이 더욱 빛났다네. 身歸漢, 義益彰.
> 지위는 상장군이고, 위엄은 당할 자가 없었으나 位上將, 威莫當
> 오나라 사람의 속임을 실수로 막지 못하였다네. 吳人詐, 失不防.[165]

시에선 역사 속 관우의 일생을 빼어나게 묘사하고 있다. 이처럼 송대에는 여러 문인들이 시가 속에서 관우 개인의 역사적 행적을 얘기하였는데, 특히 이 시가는 역사 속 관우의 일대기와 그에 대한 평가를 종합적으로 요약한 것으로 송대 문인들의 역사적 인물 관우에 대한 평기를 대표저으로 잘 나타내고 있다. 그의 역사 속 일대기와 함께 그 의미를 살펴보면 다음과 같다.

먼저 건안 5년 조조에게 사로잡혀 그의 편장군偏將軍 이 되어 백마전투에 참가하여 당시 최강 세력 중 하나였던 원소의 대장군 안량의 머리를 수만의 대군 속에서 베어 세상을 놀래키고 단숨에 조조의 인정을 받아 한수정후漢壽亭侯 에 봉해진 사실[166]을 생각나게 하며 그의 빼어난 무용을 높이 평가하고 있다.

이후에 조조가 관우를 잡아두기 위해 많은 상을 내리며 예우함

---

165   《解梁關帝誌》卷四《藝文下》, 앞의 책, 359쪽

에도 주어진 지위와 권력에 안주하지 않고 주군 유비를 찾아 돌아가[167] 한나라 황실 복원을 위해 노력한 뜻을 칭송하며 정당성을 부여하고 있다. 유가사상에 입각한 전통사대부적 관점에 바탕하여 촉한정통론蜀漢正統論을 지지하는 문인들의 시각을 잘 보여주고 있다.

이어 유비가 한중왕이 되자 전장군前將軍으로서 그를 도와 조조군의 핵심 거점인 조인이 지키고 있던 번성을 공격하고, 우금于禁이 통솔하는 칠군을 수몰시키고 방덕龐德을 참수하는 등의 활약과 전과를 올리며 세상에 그 위엄을 떨친다. 이 여세가 조조에게 까지 닿아 조조를 떨게 하여 수도인 허도를 옮기려고까지 생각하게 만들었던 사실[168]을 떠올리게 하며 관우의 탁월한 업적을 크게 인정하고 있다.

마지막으로 그의 죽음에 대해 아쉬움을 표하고 있다. 그 역사적 배경을 살펴보면, 건안 24년 번성이 관우의 공격으로 위협을 받자 조조 측의 사마의司馬宜와 장제蔣濟는 관우가 뜻을 얻게 되는 것을 손권이 원하지 않을 것이기에 그에게 관우의 뒤를 공격하게 하

---

166 《三國志·關羽傳》: "建安五年, 曹公東征, 先主奔袁紹. 曹公禽羽以歸, 拜為偏將軍, 禮之甚厚. 紹遣大將軍顏良攻郡太守劉延於白馬, 曹公使張遼及羽為先鋒擊之. 羽望見良麾蓋, 策馬刺良於萬眾之中, 斬其首還, 紹諸將莫能當者, 遂解白馬圍. 曹公即表封羽為漢壽亭侯." 陳壽, 앞의 책, 633쪽

167 《三國志·關羽傳》: "及羽殺顏良, 曹公知其必去, 重加賞賜. 羽盡封其所賜, 拜書告辭, 而奔先主於袁軍." 陳壽, 앞의 책, 633쪽

168 《三國志·關羽傳》: "二十四年, 先主為漢中王, 拜羽為前將軍, 假節鉞. 是歲, 羽率眾攻曹仁於樊. 曹公遣於禁助仁. 秋, 大霖雨, 漢水汜溢, 禁所督七軍皆沒. 禁降羽, 羽又斬將軍龐德. 梁·郟·陸渾群盜或遙受印號, 為之支黨, 羽威震華夏. 曹公議徙許都以避其銳." 陳壽, 앞의 책, 635쪽

여 이를 해결하려 하였다. 이보다 앞서 손권은 아들을 위해 관우의 딸에게 구혼하려고 사자를 보냈으나 관우가 사자를 모욕하고 혼인을 불허하였기에 손권은 크게 화가 나 있었다. 또 남군태수 미방糜芳이 강릉에 있고 장군 사인士仁이 공안에 주둔하고 있었는데 평소 관우가 자신들을 경시했기에 관우를 싫어하였다. 관우가 출군함에 미방과 사인이 군수물자를 공급하는데 힘을 다해 돕지 않았다. 관우가 돌아가면 반드시 처벌을 하겠다고 하기에 그들은 두렵고 불안해하였다. 이에 손권이 은밀히 미방과 사인을 유혹하니 그들은 사람을 시켜 손권을 맞아들이게 한다. 그리고 조조는 서황을 파견해 조인을 도우니 관우가 이기지 못하고 군대를 이끌고 돌아왔다. 손권이 이미 강릉을 점령하고 관우의 병사들과 처자식을 포로로 붙잡았기에 관우의 군대는 흩어지고 만다. 손권은 장수를 보내 관우를 공격하고 관우와 그 아들 관평을 임지에서 참수하게 된다.[169] 관우를 잡기 위한 이러한 전략이 조조와 손권 사이에 준비되어 있었으나 관우는 간파하지 못하고 있었던 것이다.

관우가 천하에 떨친 명성에 대해 문인들은 기본적으로 그 무용에 감탄하고 그의 공적을 긍정적으로 찬양하고 있었다. 그러기에

169　《三國志·關羽傳》："二十四年, …… 司馬宣王 蔣濟以爲"關羽得志, 孫權必不願也. 可遣人勸權躡其後, 許割江南以封權, 則樊圍自解", 曹公從之. 先是, 權遣使爲子索羽女, 羽罵辱其使, 不許婚, 權大怒. 又南郡太守糜芳在江陵, 將軍士仁屯公安, 素皆嫌羽自輕; 羽之出軍, 芳仁供給軍資, 不悉相救, 羽言"還當治之", 芳仁咸懷懼不安. 於是權陰誘芳仁, 芳仁使人迎權. 而曹公遣徐晃救曹仁, 羽不能克, 引軍退還. 權已據江陵, 盡虜羽士衆妻子, 羽軍遂散. 權遣將逆擊羽, 斬羽及子平於臨沮." 陳壽, 앞의 책, 635-636쪽

이런 계략에 제대로 대처하지 못하고 안타까이 죽음을 당한 것에 대해 매우 아쉬워했다. 결국 문인 지식인으로서 그의 무용에 대해 막연한 칭송만 하는 것이 아니고 오나라의 계략에 의한 후방기습에 대비하지 못해 패배하게 된 그 근원적 원인을 예리한 관점으로 동시에 냉철하게 지적하고 있는 것이다.

충의로운 삶을 칭송한 시

관우의 충의는 한마디로 한나라 황실 부흥이라는 큰 명제 하에 유비에 대한 절개와 충성으로 정의되어질 수 있다. 한나라 황실 회복을 명분으로 내세워 천하쟁패의 대열에 뛰어든 유비를 관우가 주군으로 모시며 그 선봉에 서서 유비에게 충성을 다한 모습에 대해 문인들은 그들의 시가에서 많이 언급하며 그의 행적을 평가하고 있다.

역사적 기록에 의하면 관우는 분명 하비 下邳 전투에서 그의 주군 유비를 지키지 못하고 패해 조조에게 항복하였다가 그 후에 다시 조조를 버리고 유비에게 돌아오게 된다. 이처럼 그의 행적이 변절로도 보일 수 있는 모습이 분명 있음에도 송대 문인들은 이 일을 오히려 미화하여 그의 한나라 황실에 대한 충성과 의로운 기개로 이해하고 평가를 하고 있는 듯하다. 예를 들어 장상영 張商英 의 〈영사조사 詠辭曹事 〉에는 관우의 충정을 다음과 같이 읊고 있다.

달은 이지러져도 그 빛을 바꾸지 않고,

칼은 구부러져도 그 끝은 한 곳을 가리키네.

달은 이지러져도 밝음으로 쉽게 차오르고,

칼은 구부러져도 서리가 낀 채 칼집 속에 있다네.

이익을 쫓아 찾음은 일상적인 일이지만,

뜻있는 선비의 마음을 굴복시키기 어렵다네.

사나이는 죽음에도 절개가 있으니,

죽일지언정 그 뜻을 헤아릴 수는 없다네.

月缺不改光,   劍折不改鋩.

月缺白易滿,   劍折尙帶霜.

趨利尋常事,   難屈志士腸.

男兒有死節,   可殺不可量.[170]

시에서는 평생 변치 않았던 관우의 절개를 한없이 칭송하고 있
다. 사실 전통 유가의 문인 지식인들은 일관되게 절개를 중시하며
특히 지도자의 도덕성에 대해 비판적 시각을 줄곧 견지해 왔다. 이
런 관점에서 보면 관우의 '항조귀한抗曹歸漢'의 행동은 일종의 변절
이며, 위정통론魏正統論의 관점에서 보면 이는 반역행위가 될 수도
있는 것이다. 허나 송대 문인의 눈에는 오히려 의기 있는 결단과 절
개로 비쳐졌던 것이다. 이는 이미 송대에 민간에서 일었던 관우의
인기에 따른 송대 통치자들의 추존 분위기[171]가 작용하여 이 시기에

---

170   《解梁關帝誌》卷四《藝文下》, 앞의 책, 256쪽

관직을 지낸 장상영[172]과 같은 문인 지식인들에까지 그 영향이 미쳤음을 짐작할 수 있게 한다.

이는 원대의 시가에서도 보인다. 송무宋無 의 〈관운장關雲長 〉을 보면,

> 형주의 한 쪽을 맨손으로 들어올려,
> 당시 온 세상에 명성을 떨치었네.
> 평생토록 유비를 배반하지 않았으니,
> 오직 조조만이 이 마음을 살피었네.
>
> 一面荊州赤手擎,　當時華夏震威名.
> 平生不肯劉玄德,　獨有曹公察此情.[173]

라고 하며 형주를 중심으로 하여 온 세상에 위엄을 떨친 관우를 칭송하고 있다. 당시 조조와 유비가 처한 시대적 상황과 입장 속에서 볼 때 세상은 한치 앞도 알 수 없는 급변의 나날로 흘러가고 있었다. 송대 시인들은 그 상황에서 보여준 관우의 행적을 한 평생 유비와 한나라 황실에 대한 충성을 다한 것으로 규정하고 있는 것이다. 통치계층에 의해 의도적으로 관우를 추대했던 송대의 분위기가 원대

171　徽宗 崇寧 元年(1102)에 忠惠公의 시호를 내린 후, 이어 崇寧眞君, 昭烈武安王, 義勇武安王으로 추존되어진다. 南宋에서도 高宗 建炎 3년(1129)에 壯繆義勇武安王으로, 孝宗 淳熙 14년(1187)에 다시 壯繆義勇武安英濟王으로 봉해진다.

172　張商英(1043-1122)은 崇寧 元年(1102)에 尙書右丞에 제수되고 左丞을 거쳤으며 저서에《宗禪辨》등이 있다.

173　劉海燕 앞의 책, 141쪽

통치자에게 이어진 것처럼[174] 송대는 물론이고 원대에도 통치계층 및 상층 지식인들의 관우추존 분위기는 이어지고 있었음을 알 수 있다.

문학의 영역에서 보면 관우와 관련된 이야기가 송·원시대의 민간 기예와 문예를 거쳐 민간문학의 영역으로 들어가게 되고, 명·청시대에 이르면《삼국연의》를 거치면서 사대부문학과 견줄만한 수준으로 높아지게 된다. 이런 분위기에 의해서인지 명·청대의 시가 속에서도 관우의 역사적 행적에 대한 칭송은 이전보다 더해지는 듯하다. 명대 조박趙璞 의 〈차하주판운次何州判韻 〉을 보면,

몸을 바쳐 유비 형님만을 모셨으며,
조조에게 은혜를 갚는 것이 유비를 기만하는 꼴이 되게 하지 않았다.
許身劉氏堅惟一, 報效曹公示不欺.[175]

라는 내용이 있는데 역시 관우의 유비에 대한 충과 의 정신을 높이 평가하고 있다. 명대 장량지張良知 의 〈중알무안왕사重謁武安王祠 〉에서는

뜻은 유비를 도와 유씨 왕조를 부흥시키려,
위엄을 떨쳐 조조를 속이고 관문을 나왔다네.

---

174   원대 文宗 때에 남송의 시호에서 壯繆를 顯靈으로 바꾸어 관우를 顯靈義勇武安英濟王으로 봉하였다.
175   《解梁關帝誌》卷四《藝文下》, 앞의 책, 265쪽

義扶蜀主興劉祚, 威震曹瞞出許關.[176]

라고 하며 항조귀한하며 보여준 그의 굳은 절개를 칭송하고 있다. 또한 관우는 유가사상에 조예가 깊었으며 일생동안 유가의 도덕정신과 사상에 바탕하여 그 생을 살았다.[177] 이 점은 정통사대부들의 가치관과 상통하는 것으로 당연히 그들에 의해 칭송되어질 부분이라 하겠다. 명대 증대유 曾大有 는 〈알해주묘 謁解州廟 〉에서

학술로는 진실로《춘추》를 가릴만하고,

장부로서는 으뜸이어 황충이 상대되지 않았네.

學術真成淹左氏, 丈夫元不齒黃忠.[178]

라고 하며 관우를 문무를 겸비한 완벽한 인물로 부각시키고 있다. 명대 도염 陶琰 의 〈중알무안왕묘 重謁武安王廟 〉에서도

뜻이《춘추》에 있어 도적을 토벌할 줄 알았으며,

충을 사직에 두어 유비를 편안케 하고자 하였다.

誌在 《春秋》 知討賊, 忠存社稷欲安劉.[179]

---

176 《解梁關帝誌》卷四《藝文下》, 앞의 책, 297쪽

177 陳壽,《三國志》: "江表傳曰 : 羽好左氏傳 , 諷誦略皆上口."

178 《解梁關帝誌》卷四《藝文下》, 앞의 책, 267쪽

179 《解梁關帝誌》卷四《藝文下》, 앞의 책, 274쪽

라고 하며 춘추를 잘 이해하였기에 유가적 가치관에 바탕한 무용이 더 빛났음을 이야기하고, 동시에 한나라 황실에 충성하며 유비에게 충과 의를 다한 관우의 행적을 칭송하고 있는 것이다.

이처럼 명·청시대 문인들에 의해서 관우는 아예 추존 정도가 아니라 민간에서와 거의 같은 수준의 전지전능한 숭배의 대상으로 승격되어져 있었던 것이다. 이런 분위기는 명·청대 통치자들에 의한 극도의 관우추존[180]이 관우문화 현상의 주된 요인으로 작용한 것과도 결코 무관하지 않은 듯하다.

---

180 명대 神宗 萬曆 22년(서기 1594년)에는 드디어 왕을 뛰어 넘어 제의 시호를 받아 協天護國 忠義帝에 봉해진다. 청대에는 거의 모든 왕들이 증봉했는데, 세조 順治 원년(1644) 忠義神 武關聖大帝로, 乾隆 33년(1768)에는 忠義神武靈佑關聖大帝로 봉해지고, 嘉慶 19년(1814) 에는 '神勇' 두 자를 더하였고, 咸豊 2년(1852)에 '護國'을 보태고, 다음해에는 '保民'을, 6년 (1856)에는 '精誠'을, 7년(1857)에는 다시 '綏靖'을 더하였다. 穆宗 同治 9년(1870)에 '翊贊' 을, 德宗 光緒 5년(1879)에는 '宣德'을 덧붙여 忠義神武靈佑仁勇威顯護國保民精誠綏靖翊贊 宣德關成大帝 26자가 된다.

안타까운 죽음을 애도한 시

　역사 속 관우의 실제 행적에 대한 평가는 역대 문인들의 시각
과 자리매김이 민간에서의 인기와 통치자들의 추존에다《삼국연
의》의 대유행으로 인해 자연스레 형성되어진 옹유반조擁劉反曹의
역사관에 따라 당연히 의로운 죽음으로 정의되어진다. 이런 관점에
바탕한 전통 유가 문인들에게 있어서 역사 속 안타까운 관우의 죽
음은 실로 아쉬운 일이 아닐 수 없었을 것이다. 관우는 북방 조조군
을 공략하러 나서 혁혁한 전공을 올리며 천하에 위엄을 떨쳐 세상
을 떨게 만들 정도의 명성을 얻었지만 후방 기습을 받아 결국 형주
의 임저 땅에서 그의 아들 관평과 함께 참수당하고 만다.[181] 이런 아
픔의 순간은 간단히 그치지 않고 유비의 보복이 두려웠던 손권이
그 부담을 덜기 위해 관우 시신의 머리를 잘라 조조에게 바치게 되

181　《三國志·關羽傳》, 陳壽, 앞의 책, 634-635쪽

고, 조조 또한 유비의 후환이 걱정이 되어 제후의 예를 갖추어 장례를 치르고 그 머리를 묻어주게 된다.[182] 이리하여 관우는 죽어 몸뚱이는 손권에 의해 당양에 묻히게 되고, 머리는 조조에 의해 낙양에 묻히게 되는 슬픔을 겪어 오늘날까지도 그의 무덤은 낙양의 관림關林과 당양의 관릉關陵 두 곳으로 되어 있다.[183]

먼저 문인들은 형주 전투에서 허무하게 패해 역사의 뒤안길로 사라진 관우를 무한히 애도하며 감회에 젖어 그의 죽음에 대한 안타까움을 시에서 얘기하고 있다. 형주 전투를 돌아보며 비애의 심정으로 영웅의 마지막 순간에 대한 감상을 토로하였던 것이다. 원대 유위劉緯는 〈제대왕총題大王冢〉에서

말을 타고 평생을 보낸 백전노장의 몸이,
가련히도 이 거친 덤불 속에 누워 있구나.
우금을 사로잡아 더욱 적을 경시하다 보니,
오나라와 불화가 생겨 친구를 잃어버렸다네.

鞍馬平生百戰身, 可憐於此臥荒榛.
俘來于禁更輕敵, 釁起孫吳爲絕親.[184]

라고 했는데, 그는 이처럼 형주 전투 패배에 대한 회고를 통해 안타

---

182 《三國志 · 關羽傳》：“《吳曆》曰 : 權送羽首于曹公, 以諸侯禮葬其尸骸.”, 陳壽, 앞의 책, 636쪽
183 남덕현, 《삼국지문화답사기》, 서울, 미래M&B, 2001, 69쪽, 273쪽 참조
184 《解梁關帝誌》卷四《藝文下》, 앞의 책, 260쪽

까움을 표시하는 동시에 문인 지식인의 관점에서 냉정히 그 원인을 정확히 지적하고 있다. 즉 관우가 그 중요한 형주를 허무하게 잃은 것은 북방 번성 전투의 성과로 인해 지나친 우월감에 젖어 있다 보니 적을 경시하게 되었고, 그러다 보니 관우가 우호관계에 있던 친구의 나라 손오의 존재 또한 얕잡아보게 되어 우호적 관계를 소홀히 하다 보니 후방의 불안으로 결국 패배할 수밖에 없었음을 냉철하게 지적하고 있는 것이다. 또 원대 하명何溟 은 〈제대왕총 題大王冢 〉에서

조씨의 눈 앞 해악을 제거하려다 보니,

어찌 오나라 소인배들의 뒤 속임을 헤아릴 수 있었겠는가.

欲除曹氏眼前害, 豈料吳兒肘後欺.[185]

라고 하며 동오의 배신과 협작을 비난하고 있다. 즉 관우가 패한 원인을 소인배들의 음모와 부도덕성에 있다고 생각하고 안타까움의 마음만을 표현하고 있는 것이다. 원대 주오周午 역시 〈제대왕총 題大王冢 〉에서

손권이 헤아리지 못하고 구혼하려,

사자를 파견해 감언을 하였으나 욕됨만을 얻었다네.

仲謀不度來求婚, 遣使甘言只取辱.[186]

---

185   《解梁關帝誌》卷四《藝文下》, 앞의 책, 261쪽

라고 하며 당시의 관우와 손오의 불편한 관계를 지적하고 있다. 그러면서 이것이 결국 동오가 배신하여 관우의 뒤를 치게 된 한 요인이 되어 궁극적으로 관우가 패배하게 되었음을 말하며 애통해하고 있는 것이다. 원대 이감李鑑 또한 〈제대왕총 題大王冢〉에서

> 부사인과 미방이 죄를 두려워 해 잘못된 계략을 만들고,
>
> 여몽과 육손의 음모가 잘못되어 직접 드러나게 되었네.
>
> 傅糜懼罪生狂計, 蒙遜陰謀謬見親.[187]

라고 하며 보다 더 구체적으로 패배의 원인이 관우의 자만으로 인한 잘못된 부하관리에서 비롯되어진 것임을 지적하며 안타까워하고 있다.

결국 문인들은 대체로 관우가 형주를 중심으로 여러 전투에서 공적을 이루어 명성을 떨친 일에서부터 허망하고 불행한 죽음에 이르는 과정에 대해 동정적 시각을 지니고 있었다.[188] 이들은 자신들의 시 속에서 관우 부하 장수들의 변절과 동오와 조조의 야합, 그들의 음모와 비겁한 유인 등의 여러 가지 정의롭지 못한 책략과 모략에

---

186 《解梁關帝誌》卷四《藝文下》, 앞의 책, 262쪽

187 《解梁關帝誌》卷四《藝文下》, 앞의 책, 263쪽

188 吳獻臺, 〈題壯繆候像〉: "巨浪淹七軍, 襄樊列艨艟. 禁俘德亦虜, 大江血流紅. 威聲震華夏, 皎日懸晴空. 陸渾瓦許洛, 壺漿若云從. 詎意肘腋間, 包藏劇群凶. 蚩蚩眾狐蜮, 發姦遜與蒙. 輕舟襲南郡, 九仞隳成功. 麥城困孤旅, 臨沮頹元戎. 侯存漢爐熾, 侯歿炎精終."《解梁關帝誌》卷四《藝文下》, 앞의 책, 303쪽

더 많은 문제가 있음을 지적하며 관우의 역사 속 불행한 죽음을 심히 애통해 하고 있었음을 알 수 있다.

이런 까닭에 문인들의 관우를 제제로 한 여러 시가는 안타까운 역사적 내용과 사건을 잘 담아 묘사하며 관우에 대한 애도적 분위기의 탄식을 잘 표현하고 있다고 하겠다. 결론적으로 문인사대부들은 관우의 죽음을 개인의 실수라기보다 시대적 상황과 다른 요인에 의한 억울한 죽음으로 이해하며 관우를 보호하고 있는 것이다.

전설 속 내용을 반영한 시가

문인들은 민간전설을 통해 알려지고 형성되어진 관우관련 이 야기와 관우 형상을 시가에서 언급하고 있다. 먼저 문인들은 신격 화 된 관우 형상을 시에서 표현함에 영험한 동물에 비유하여 그 형 상을 그렸다. 이 모든 것들이 어떤 객관적 사실에 근거한 것이 아니 고 대부분 민간에 유행하던 전설 등에 바탕한 것이라 하겠다.

문인들은 특히 용을 관우 형상화에 많이 연결지어 관우의 비범 함과 신령스러움을 비유하는 소재로 사용하였다. 시가에서 관우 형 상 조성에 가장 많이 활용한 것이 용의 이미지였다, 그 구체적 표현 으로는 '청룡 靑龍'이 많이 보인다. 명대 모일공 毛一公 의 〈과해알한 수정후사 過解謁漢壽亭侯祠 〉를 보면,

청룡이 달을 기울여 쓰러뜨리니,
적토마가 바람을 좇아 재빨리 달아난다.

青龍斜偃月, 赤兔捷追風.[189]

라는 구절이 있는데, 관우 형상을 '청룡'으로써 비유하고 있다. 이 '청룡'의 이미지는 관우의 청룡언월도靑龍偃月刀에서 그 모티브를 얻어 형상화에 사용한 것이다. 그가 한평생 애용했던 무기에서 관우를 상징하는 모티브를 찾아 그의 이미지를 대표하는 형상으로 조성한 것이라 하겠다. 중국 민간전설에는 청룡언월도가 관우의 분신이되어 활약하는 등 관우와 관련된 이야기가 상당히 있는데,[190] 문인들의 이런 시가 속의 관우 형상은 모두 민간전설을 반영한 것이다. 또 명대 서위徐渭는 〈독삼국사관제전讀三國史關帝傳〉에서 '수용鬚龍'으로 관우 이미지를 표현했는데 이를 보면,

한 몸의 의리는 깊어 진정한 나라의 선비였고,

천하삼분의 위엄을 떨침은 이 영웅이었네.

천리 인간 세상에 적토마가 다하고,

한밤중 꿈에서 깨어보니 수염 달린 용을 잃었구나.

一體義深眞國士, 三分威震此英雄.

千里人間窮赤兔, 中宵夢斷失鬚龍.[191]

189　劉海燕, 앞의 책, 154쪽.

190　馬昌儀 編選, 〈靑龍刀與赤兔馬的傳說〉, 《關公傳說》, (北京: 中國社會出版社, 2008), 187-218
　　　쪽, 남덕현, 《삼국지문화답사기》, (서울: 미래M&B, 2001), 209-210쪽 참조.

191　《解梁關帝誌》卷四《藝文下》, 앞의 책, 329쪽.

라는 구절이 있다. 여기서 말하는 '수용' 즉 수염달린 용은 수염을 드리운 관우의 이미지를 나타낸 것이다. 이미 세상에서 황제의 반열에 오른 관우의 근엄함을 묘사하기 위해 수염달린 용이라는 표현을 사용하여 그 형상을 묘사한 것이라 하겠다. 관우의 총체적 이미지를 용에 비유하고 그 구체적 특징으로 수염을 더해 형상화한 것이다.

중국 민간에서는 관우를 용과 관련지어 형성된 전설이 많이 있다. 이렇게 연관 짓는 근본적 요인에는 용의 수염과 관우의 수염이 그 연결고리가 되고 있다. 심지어 그 중에는 관우의 수염은 용이 변한 것이라는 이야기도 있다. 그래서 문인시가에서도 '용'의 이미지와 '수염'의 이미지가 함께 관련되어 보여지고 있기도 하다. 건만리 龔萬里 의 〈대왕총 大王塚 〉을 보면,

> 타고난 수염은 용보다 사나워서,
> 안량 顔良 을 베어 포로들이 담소하던 것을 금하게 하였도다.
> 天生一髥獰於龍, 馘良俘禁談笑中.[192]

라는 구절이 있는데, 관우의 수염을 용과 대비하여 관우의 용맹스러움을 표현하고 있다. 물론 여기서의 수염이란 관우를 대표하는 이미지이기에 결국 기본적인 표현 의도는 관우를 신령스런 용에 비유하여 탁월한 능력을 지닌 인물 형상으로 묘사하려 한 것이다.

---

192   劉海燕, 앞의 책, 154쪽.

명대 왕세정 王世貞 은 〈제관제사화 題關帝四畵 〉[193] 라는 제목 하에 〈괵안량 馘顔良 〉, 〈파칠군 破七軍 〉, 〈창옥천 創玉泉 〉, 〈평치우 平蚩尤 〉 네 편의 시가를 지어 관우를 칭송하였는데, 그 중 〈평치우〉를 보면,

큰 호수에서 용이 수염을 드리우며 승천하니,
요사스러운 영혼들이 다시 아수라장을 만드는구나.
鼎湖龍髥久上天, 妖魄再作修羅顚. [194]

라는 구절이 있다. 이 시는 민간에 널리 알려진 바와 같이 관우가 용이 되어 치우를 물리쳤다는 전설 속 이야기를 담고 있다. 치우는 신화 속에 나오는 동방 구려 九黎 족의 우두머리인데, 중원을 놓고 황제黃帝 염제炎帝 등과 패권을 다투는 여러 가지 긍정적 부정적 전설이 전해지고 있다. 송대 관우가 신격화되어지면서 생겨난 전설에는 백성들에게 해를 끼치던 치우를 관우신이 물리쳐 세상을 보호했다는 전설이 있다.[195] 이런 전설에 바탕하여 민간에서 형성된 신격화된 관우 형상을 문인시가에서도 언급하며 민간인들처럼 그 신령스러운 신격을 인정하고 있는 것이다.

이처럼 문인시가 속의 관우에 대한 용의 이미지는 민간전설의 영향을 받아 형성되었다. 관우의 신령스러운 인물 형상을 묘사하기

---

193 《解梁關帝誌》卷四《藝文下》, 앞의 책, 329쪽.
194 《解梁關帝誌》卷四《藝文下》, 앞의 책, 332쪽
195 候學金 主編, 〈關公戰蚩尤〉, 《解州關帝廟》, (解州 : 解州關帝廟文物保管所, 1988), 189-191쪽
      참조.

위해 용의 승천과 변신하는 역동적 이미지와 상서로움과 천부적 재능을 지닌 생동적이며 발랄한 모습의 이미지를 잘 활용하였던 것이다. 인물 형상에 있어 신령스런 모습에 대한 이해는 민간인들의 인식과 다름이 없었다고 하겠다.

또한 문인사대부들은 이런 용의 이미지를 시가에서 관우 형상을 창출하고 조성하는데 활용했을 뿐만 아니라 관우를 참배하러 가서 관우를 모셔놓은 사당의 형체와 형세 등을 묘사함에 있어 그 경관과 분위기 표현에 사용하기도 하였다. 명대 임운정 林雲程 의 〈알한수정후사 謁漢壽亭侯祠 〉를 보면,

> 강산에 높이 솟아 돌 누대 위에 서 있는,
> 관우사당은 강을 굽어보며 펼쳐져 있네.
> 용이 날아오르면 물결이 일렁여 천 길 낭떠러지가 끊기고,
> 신기루가 일어 바람이 생겨 모든 나무들이 쓰러지는구나.
> 江山崔嵬起石臺, 亭侯祠宇俯江開.
> 龍飛潮漲千崖斷, 蜃起風生萬木哀.[196]

라는 구절이 있다. 여기서는 관우 사당의 외관적 형상을 묘사하면서 한껏 용의 이미지를 넣어 그 분위기를 묘사하고 있다. 시에서는 이처럼 무언가 자연 속에서 신비스럽고 영험한 분위기를 연출하려 하였던 것이다. 바람과 구름이 변화하는 신비로운 분위기로 과장되

---

196   《解梁關帝誌》卷四《藝文下》, 앞의 책, 324쪽.

게 묘사하여 관우를 모시는 곳을 더욱 특별한 곳으로 느껴지게 하고 있다. 또 명대 장순신張舜臣의 〈알형주묘謁荊州廟〉를 보면,

새벽 산 운무 사이로 떠오르는 해가 보이고,

저녁 물결 비바람 속에서 용의 울음소리가 들리는구나,

曙嶺雲霞看日上, 晚潮風雨聽龍吟.[197]

라는 구절이 있는데 이 역시 관우를 모신 사당의 영험스런 신비한 분위기를 묘사한 것으로써 용의 이미지를 활용하여 사당의 장엄하고 신령스런 모습을 묘사하고 있다. 마치 성전이나 신전을 연상하게 하는 엄숙하고 장엄한 분위기를 느낄 수 있다. 문인들은 전설 속에서 신격화된 관우 형상을 십분 인정하고 반영하였을 뿐만 아니라 이런 시가를 통해 더 구체적으로 관우를 신령스럽게 만들어 주어 오히려 민간의 관우 신격화에 영향을 미치게 되었다.

또 문인들은 관우가 신으로서의 영험한 능력과 효험을 지닌 존재라는 것을 시가에서 얘기하기도 했다. 민간인들이 생각하는 그런 관우의 신적 영험함을 시가에서 언급한 것인데, 송대 황무재黃茂才의 〈무안왕찬武安王賛〉을 보면,

위엄 있는 사당의 모습에다 작위가 왕에 봉해져,

우리 송나라의 조상이 되고 비를 관장하는 별이 되어,

---

197 《解梁關帝誌》卷四《藝文下》, 앞의 책, 336쪽.

기도하면 응해줘 재난과 기근을 그치게 하였도다.

嚴廟貌, 爵封王.

祚我宋, 司雨陽.

禱而應, 彌災荒.[198]

라는 구절이 있다. 관우가 죽은 후에 작위가 왕으로 봉해지고 또 신으로 추존되어져 비를 관장하는 영험한 신이 되어 송나라를 지켜주고 백성들을 기근으로부터 벗어나 윤택한 삶을 살게 해주었다고 하며 신으로서의 관우 능력을 칭송하고 있다. 이는 문인시가 속에서도 관우 형상이 사람의 영역에서 신의 영역으로 승격되었음을 보여주는 것이다. 이러한 점은 모두 송대 휘종徽宗이 1102년에 관우에게 충혜공忠惠公의 시호를 내린 이후 통치자들의 계속된 관우추존[199]이 그 직접적 원인이 되어 사대부문인들에게 영향을 미쳤던 것이다.

원대 오래吳萊의 〈부춘신창관장군묘성오자중휴권색제富春新創關將軍廟成吳子中攜卷索題〉를 보면,

오생이 병이 들어 기괴한 소문이 들리는데,

꿈속에서 수염장군을 알게 되었다.

향불로 귀신에게 비니 이때부터 높이 받들어져,

사당 문에서 술을 종려나무에다 따르며 빌었다.

---

198 《解梁關帝誌》卷四《藝文下》, 앞의 책, 359쪽.

199 徽宗 崇寧 元年 忠惠公에 이어 崇寧眞君, 昭烈武安王, 義勇武安王으로 계속 추존되어지고, 南宋 高宗 建炎 3年 壯繆義勇武安王, 孝宗 淳熙 14年 壯繆義勇武安英濟王으로 봉해진다.

吳生病起有怪聞, 夢中識得髯將軍.

香火乞靈自此揭, 廟門釃酒椶欄云.[200]

라고 하며 사당 창건의 연유를 적고 있다. 꿈속에서 관우가 오생의
병을 치료해 주었기에 이로 인해 관우를 신으로 받들며 제사지내고
자 하여 사당을 창건하게 되었다는 것이다. 백성들의 질병을 치료
해주어 삶을 보살펴 주는 신의로서의 관우를 인정하고 있다. 즉 관
우의 존재가 완전히 인간세계를 뛰어넘어 신의 세계로 들어가 영험
한 신이 된 신격 관우 형상을 보여주고 있다.

　　명대 곽자장郭子章은 〈기몽 紀夢 〉에서 자신이 전쟁터에서 관우
꿈을 꾸어 효험을 본 얘길 적고 있는데 이를 살펴보면,

　　지난 밤 꿈속에서 관우가

　　수레를 타고 근엄하게 지나가더라.

　　신을 거꾸로 하여 팔자로 끌며 나아가,

　　자리를 손님과 주인으로 나누어 앉았도다.

　　적을 논함에 족히 근심할 바가 없이,

　　쭉정이와 겨를 쉽게 바람에 날려 까불리게 되었도다.

　　夜夢壯繆侯, 車騎儼相過.

　　倒屐延之八, 席分賓主坐.

　　論賊無足虞, 秕糠易揚簸.[201]

200　　《關帝事迹徵信編》卷二十九《詩詞》, 劉海燕, 앞의 책, 144쪽 참조.

라고 읊고 있다. 전쟁터에서 꿈속에서 관우를 만나 그로부터 적을
쉽게 제압하는 책략을 얻게 되었음을 얘기하고 있다. 전쟁신으로서
의 관우 형상을 보여주는 것인데, 중국 민간에서는 관우가 치우를
평정한 전설이 유행한 이후로 전쟁신으로도 자리매김해져 갔다고
한다. 민간에서 관우가 신으로서의 영험한 능력을 지닌 존재임을
인정받고 있던 모습과 다르지 않게 그 신령스러움을 인정하고 있는
것이다.

명대 장항張恒 의 〈평천기이 平泉紀異 〉에서는 관우의 보호 속에
평천에서 왜구를 물리친 일을 적고 있다.

> 그대는 보지 못했는가
> 혁혁한 영령께서 항상 계시는 듯하여
> 나라를 보호하고 적을 없애려 태해에 나타나시는 것을.
> … … … …
> 또 보지 못했는가
> 저가 종양을 앓아 위독할 때,
> 꿈속에서 항상 관제의 도움 받은 것을.
> 君不見, 赫赫英靈如常在, 佑國誅賊顯台海.
> … … … …
> 又不見, 小子患瘤危篤時, 夢中常得帝扶持.[202]

201   《關帝事迹徵信編》卷二十九《詩詞》, 劉海燕, 앞의 책, 145쪽 참조.
202   劉海燕, 앞의 책, 145쪽 참조.

시에서는 나라와 백성을 보호해 주는 호국신으로서의 관우의 존재와 위상을 인정하고 그의 활약을 칭송하면서 신격화 된 관우 형상을 표현하고 있다.

명대를 지나 청대에는 신격화 되어진 관우를 진정한 신으로 모시고 제사지내는 분위기의 모습을 볼 수 있는 시가도 보여진다. 청대 혜영인 嵇永仁 의 〈기이 紀異 〉를 보면,

향 연기가 관우 사당을 감도니,
천고의 의관이 생각에 잠기게 되네.
香煙繚繞壽亭祠, 千古衣冠系所思. [203]

라고 적고 있는데, 사당을 참배하며 관우를 신으로 인정하고 모시는 문인사대부들의 정서적 분위기를 느낄 수 있게 해준다. 이처럼 청대 문인 시가 속에 나타나는 관우의 이미지는 신격화된 분위기가 한층 더 짙게 배어져 나온다. 나라를 지키고 백성을 돌보는 민간 호국신 으로서의 관우의 능력과 역할에 대해 언급하였을 뿐만 아니라, 민간에서 일반화되어버린 옥천산玉泉山 관우현성關羽顯聖 전설과 종교신으로서의 지위까지 인정하는 분위기의 시가도 나타나게 된다.[204]

이와 같이 문인사대부들에 의해 관우와 관련된 민간전설의 내용을 반영한 시가가 자연스레 지어지면서 문인들에게도 민간인들

---

203 劉海燕, 앞의 책, 145쪽 참조.
204 淸 李哲亭,〈贈亮山上人〉: "普淨山頭性久明, 雲中每聽步虛聲. 玉泉法化龍泉地, 祇爲衆生不爲名.", 伍桂辛,〈玉陽官署〉: "三界伏魔初顯烈, 神功一夜雷電製." 劉海燕, 앞의 책, 145쪽 참조.

처럼 관우 이미지는 더욱더 신격화된 형상으로 굳어져 갔다. 문인들은 시가 속에서 관우 모습을 신령스런 동물에 비유하거나, 그의 사당을 신비로운 곳으로 포장하거나, 신의로서의 영적 능력을 인정하는 등의 방법으로 관우 형상을 점차 신의 영역으로 신격화된 모습의 형상으로 창출해 갔다. 이처럼 민간에서의 추존과 마찬가지로 세월이 흘러가면서 인간의 영역에서 신의 영역으로 자리매김하며 본격적 신격화된 관우 형상을 만들어 관우문화의 영역으로 함께 나갔던 것이다.

형주와 고향 땅

문인들은 관우와 관련된 유물 유적을 회고하며 시를 적고 있다. 이는 역사 속의 실제적 관우 모습을 담은 것이 아니고, 관우가 세상을 떠나며 남기고 간 역사적 흔적을 추억하며 지은 것들이다. 민간에서 관우의 지위가 나날이 신격화 되어 가듯 문인들의 시가 속에서도 그의 신격화된 형상은 계속적으로 창출되어져 갔다.

문인들은 관우와 깊은 인연이 있는 형주 땅을 회고하며 시가를 지었다. 이 형주 지역은 소설《삼국연의》120회 중 82회나 관련이 있을 정도로 삼국의 역사에서 대단히 중요한 지역이었다. 특히 관우는 이 중요한 지역을 격동의 세월 속 10년간이나 지키며 형주민들과 함께했기에 특별한 의미가 있는 곳이기도 하다. 그래서 이 지역에는 관우와 관련된 전설도 가장 많이 남아 있고, 유물 유적도 가장 많이 남겨져 있다.[205] 그러다보니 형주 땅을 밟거나 형주의 옛 역사를 생각하게 되면 어김없이 관우와의 관계를 떠올리며 추억하게 되는 것이다. 원대 학경 郝經 은 〈조남도중게관왕묘 曹南道中憩關王廟 〉에서 형주를 회고하며

기마초병이 강릉으로 갔다는 소식을 들었는데,
푸른 풀의 호남이 이미 공격을 당했다네.
관우 사당 앞에서 거듭 돌이켜 생각컨대
형주는 무슨 일로 오늘날까지 싸우고 있는가?
傳聞哨馬下江陵, 青草湖南已受兵.
壯繆祠前重回首, 荊州底事到今爭?[206]

라고 적고 있다. 산동의 조남으로 가는 도중 관우 사당을 들러 삼국시대 형주를 회고하며 당시의 상황을 탄식하며 지은 시이다. 원대 초기에도 여전히 형주는 군사적 요충지였기에 전쟁이 끊이지 않았던 지역이었다. 관우 사당을 참배하며 형주의 의미를 떠올리게 되는 것은 관우와 형주의 관계를 잘 알기 때문이었을 것이다. 관우가 그랬듯이 관우 같은 인물이 있어 지금 이 형주를 전쟁 없는 평온한 지역으로 잘 이끌어주었으면 하는 바람을 드러내고 있는 것이라 하

---

205   蔡遠雄 劉衛祖 陳連生 等,《三國勝迹湖北多》, (武漢 : 湖北人民出版社, 1985), 남덕현, 앞의
       책, 2부 湖北省 등 참조.
206   《解梁關帝誌》卷四《藝文下》, 앞의 책, 258쪽.

겠다. 생전에 훌륭히 형주를 잘 이끌었던 인간적인 도덕적 품성과 지도자로서의 능력과 업적을 갖춘 인물로 관우를 기억하고 있는 것이다.

또 문인들은 관우와 관련된 이별의 시에서 관우를 형주 지역과 연관지어 언급하고 있다. 당대 랑군주郎君冑 는 〈장무후묘별우인 壯繆侯廟別友人 〉에서 관우를 이렇게 추존하고 있다.

장군은 타고난 자질을 지녔으며,
의용은 고금을 통틀어 으뜸이도다.
말을 달려 수많은 전쟁터에서
한 칼로 수많은 적을 물리쳤도다.
누가 은혜에 감사하는가,
필경 생각하며 돌아가는 객이로다.
형주 지역을 떠돌아다니고,
고향 먼 곳을 배회하고 있네.
연회에서 나와 사당을 마주하여
술잔 올리니 저녁하늘이 푸르기만 하네.
떠나가며 돌아온 단 말이 없어,
슬픔을 머금고 지나간 날들을 헤아리네.

將軍秉天資, 義勇冠今昔.
走馬百戰場, 一劍萬人敵.
誰爲感恩者, 竟是思歸客.
流落荊巫間, 徘徊故鄉隔.

離宴對祠宇, 灑酒暮天碧.

去去無復言, 銜悲嚮陳迹.²⁰⁷

시에서는 먼저 관우 사당에서 그를 회고하며 관우의 품성과 용
맹을 칭송하고 그 공적에 대해 찬사를 보내고 있다. 이어 형주 지역
을 언급하면서 관우와 형주의 서글픈 인연의 흘러간 역사를 떠오르
게 하며 이별의 마음과 분위기를 한껏 더 고조시켜 왠지 쓸쓸하고
처량함을 느끼게끔 해주고 있다. 원대 등광천鄧光薦 또한 전방립錢
方立 을 보내고 형주 지역을 돌아보며 관우를 추모한 시가²⁰⁸에서 이
별을 애기하면서 관우의 용맹과 형주 지역의 역사적 의미와 분위기
를 함께 언급하며 그 이별의 감정과 분위기를 고조시켜 표현하기도
하였다.

문인들은 시가 속에서 관우의 역사 속 자취를 회고하면서 격동
의 장소였던 형주를 많이 이야기하였을 뿐만 아니라 관우의 고향에
대하여도 많이 언급하고 있다. 관우를 추모하고 칭송하면서 언제나
그의 고향을 동시에 생각하며 적었던 것이다. 명대 장경안張京安 은
〈알상평제묘謁常平帝廟 〉에서

푸른 물가에서 항상 물이 생겨나 좋은 소금이 나는데,

---

207   《解梁關帝志》卷四《藝文下》, 앞의 책, 256쪽.

208   元 鄧光薦, 〈送錢方立遊荊楚歌〉; "去行曹劉孫氏百戰之山川, 山川蕭條風景異, 塵沙落葉號寒
      蟬. …… 堂堂壯繆氣蓋世, 少假數月無中原, 漢灰欲冷寧非天, 孔明公瑾皆無年."《解梁關帝志》
      卷四《藝文下》, 앞의 책, 345쪽.

관우가 이 큰 구릉에서 성장하였다네.

산수의 영험함이 서린 곳에 사람이 저절로 인재가 나는데,

이 세상에 그러한 기세가 대대로 많지가 않도다.

滄涯生永水生嵯, 生長亭侯在此阿.

山水鐘靈人自傑, 乾坤間氣世無多.[209]

라고 적고 있는데, 관우를 떠올리며 그의 고향 해주를 얘기하고 있
다. 관우는 본시 하동군 해현 사람이었는데 탁군으로 망명하였다가
유비를 만나게 되었다.[210] 이 해주는 지금 산서성 운성運城 시 해주진
이다.[211] 이곳은 예로부터 염전이 있어 경제적으로 풍요롭고 윤택한
지역이었다. 관우가 살아서 충의와 문무를 두루 갖춘 훌륭한 인간
으로서의 품성과, 죽어서 영적 능력을 인정받은 신으로서의 신령함
이 다 그가 고향 땅 정기를 받아 좋은 환경에서 성장하였기 때문이
라며 관우와 함께 그의 고향 땅의 가치와 의미에 대해서 언급하고
있는 것이다. 명대 이춘광李春光 의 〈알해주묘謁解州廟 〉를 보면,

정기가 서린 곳에서 뛰어난 인재가 나니,

포주 동쪽 유적에는 아직도 먼지가 쌓이지 않네.

間氣鐘才傑, 蒲東蹟未塵.[212]

209   《解梁關帝誌》卷四《藝文下》, 앞의 책, 279쪽.
210   《三國志 · 關羽傳》: "關羽字雲長, 本字長生, 河東解人也. 亡命奔涿郡.", 陳壽, 앞의 책, 633쪽.
211   〈關羽的故里〉, 張志江, 앞의 책, 1-9쪽 참조.
212   《解梁關帝誌》卷四《藝文下》, 앞의 책, 309쪽.

라고 적고 있다. 여기서 말하는 포주는 오늘날 운성시 해주진 서남쪽에 접해 있는 영제永濟 지역으로 관우의 고향 하동 지역이라 할 수 있겠다. 이처럼 관우의 고향 지역은 풍수와 산세 같은 땅의 기운이 남달라 많은 인물을 계속 배출하는 곳이라고 말하고 있는 것이다. 즉 관우의 신적 능력은 하늘로부터 부여받은 고향 땅의 기운 때문이라는 것이다. 또 명대 조표趙標 의 〈알해주묘謁解州廟 〉에도

하동에 정기가 서려 있어,

탁군에서 진정한 인물을 만나는 구나.

河東鐘間氣, 涿郡遘真人. [213]

라는 구절이 있다. 관우의 영험함이 고향 하동 땅의 기운과 정기를 받은 데서 비롯되었음을 말하고 있다. 이처럼 관우가 자란 하동 땅은 자연환경이 상서로운 정기가 가득 서려 있는 곳이어서 이러한 특별한 인물을 배출했다는 것이다.

이처럼 문인들은 시가 속에서 관우 형상을 창출함에 있어 주요 인을 그의 고향 땅과 결부시켜 신격화된 영험함이 천계로부터 부여받은 특별한 땅의 기운에 그 근원이 있음을 이야기하고 있다. 또한 관우가 생전에 장수로서, 사후에 신으로서 큰 역할을 하는 것도 심지어 서촉西蜀 지역의 정기를 받은 것이라 하기도 했는데,[214] 세상

---

213   《解梁關帝誌》卷四《藝文下》, 앞의 책, 318쪽.

214   明 許莊, 〈謁解州廟〉: "漢業違違四海傾, 西南間氣偉人生." 《解梁關帝誌》卷四《藝文下》, 앞의 책, 285쪽.

을 구할 능력은 타고나면서부터 부여받은 것이라며 마치 영웅신화나 개국신화 같은 이야기를 하고 있다. 즉 관우 신격 형상은 이미 하늘이 내려준 훌륭한 기운을 받아 탄생되어지고 신령스런 존재가 된 점에서 비롯되었음을 이야기하고 있는 것이다.

문인들은 시가에서 관우를 추억하며 그의 역사적 자취와 관계 깊은 형주 지역과 관우고향을 같이 언급하고 있지만, 형주를 언급하고 있는 시가들은 살아서의 훌륭한 삶을 살았던 인간적 형상을 주로 하였고, 고향을 언급한 시가는 인간적 형상뿐만 아니라 신격화된 형상까지도 잘 나타내고 있다. 여하튼 민간인들처럼 관우를 인격의 수준을 넘는 신적인 존재로 인정하고 시가에 그 형상을 잘 반영하고 있음을 알 수 있다.

삼국 역사를 상징한 시

관우는 분명 삼국시대에 한 세상을 살다 사라져간 인물이다. 이런 역사 속 그의 자취가 중국 문인들의 가슴속에 크게 자리하고 있는 것 같다. 그래서인지 문인들은 관우를 삼국 역사의 대표적 상징으로 인식하며 시가에서 언급하고 있다. 삼국의 역사 사건을 바로 관우의 역사적 사건으로 간주하는 것이다. 즉 흘러간 역사인 삼국시대를 회상하면서 그 시대의 역사적 사건에 대해 탄식하고 감탄함에 관우를 시가에 등장시켜 감상하였다. 당대 서인徐寅은 〈촉蜀〉에서

관우와 장비가 서로 의지하여 만인을 대적하니,

은혜로운 믿음이 좋은 계략이 되는지라 어찌 감히 이길 수 있겠는가?"

雖依關, 張敵萬夫. 豈勝恩信作良圖? [215]

라고 하며 삼국시대 역사를 회고하며 그 역사를 통한 교훈을 얻음에 관우 얘기를 예로 들어 이야기하고 있다. '합해진 지 오래 되면 반드시 나뉘어지고, 나뉘어진 지 오래 되면 반드시 합해진다.合久必分, 分久必合'[216]는 역사적 교훈을 간직하며 살아온 중국민족은 삼국의 역사를 통해 더 많은 것을 배우고자 한다. 삼국으로 분리되었다 다시 통일로 가는 과정의 역사가 여러 가지 교훈을 남겨주었던 것이다. 후대 문인 지식인들은 이런 삼국의 역사적 교훈을 깨우침에 관우를 언급하였던 것이다. 당대 최도융崔道融은 〈과융중過隆中〉에서

가련하게도 촉한의 관우와 장비 이후로는,

서서의 공로를 상의할 사람이 없구나.

可憐蜀國關,張後, 不見商量徐庶功. [217]

라고 적고 있는데, 이 역시 삼국시대 이야기를 하면서 관우를 언급하며 역사를 평가하고 있는 것이다. 이처럼 삼국시대 역사적 사실

---

215 徐夤, 〈蜀〉,《全唐詩》卷710. 唐詩는《全唐詩》(上)(下), (臺北: 宏業書局, 民國71年)를 참고하였음.

216 黎東方 著,《細說三國》, (上海: 上海人民出版社, 2007), 1-4쪽 참조.

217 崔道融, 〈過隆中〉,《全唐詩》卷714.

이나 이야기를 통해 알아야 할 상황이나 내용은 물론이고 얻어야 할 교훈 등을 강조함에 있어 관우를 언급하며 말하고 있는 것이다. 당대 이상은李商隱도 〈주필역 籌筆驛 〉에서 역사적 교훈을 말함에 기록 속의 실제 인물의 형상을 들어 그 시대를 얘기하였다.

> 관중과 악의의 재주 있음은 진정 욕되지 않았고,
>
> 관우와 장비의 목숨 없이 무엇을 같이 하려는가?
>
> 管, 樂有才眞不忝, 關, 張無命欲何如? [218]

전국시대와 삼국시대의 역사적 상황 속의 교훈을 관중管仲과 악의樂毅, 관우와 장비를 거론하며 이야기하고 있다. 여기서도 관우의 역사적 행적을 삼국시대를 대표하는 역사로 들며 한 시대를 평가하고 있는 것이다. 물론 장비가 함께 언급이 되고 있지만 관우에 그 중심이 있다고 할 수 있겠다.

여하튼 이와 같이 한 시대 역사를 회고하고 반영한 문인시가 속에 보여지는 관우 형상은 삼국시대 한 시대를 대표하는 인물 형상으로 조성되어져 있다. 이러한 시대를 대표하고 상징하는 인물의 근원적 역량을 문인들은 시가 속에서 정의하여 형상으로 표현하고자 하였다. 해서 한 시대를 대표하는 인간으로서의 강건한 기개와 신으로서의 특별히 영험한 능력을 지닌 관우 형상을 여러 가지 상징어로 나타내었다. 먼저 '정기正氣'라는 표현이 있는데, 명대 여자

---

[218] 李商隱, 〈籌筆驛〉, 《全唐詩》卷539.

고 呂子固 의 〈알해주묘 謁解州廟 〉를 보면,

> 정기는 무궁한 우주 속에 가득 차고,
> 빼어난 영험함과 성대한 기세는 오랜 세월 이어지네.
> 正氣充盈窮宇宙,　英靈烜赫幾春秋.[219]

라는 구절이 있다. 여기서 말하는 '정기'는 관우의 역사적 삶 속에서의 바른 기개는 물론이고 민간에서 알고 있는 신격화된 관우 능력의 근원적 요인으로써의 영험한 바른 기운임을 이야기하고 있는 것이다. 이는 추상적이어서 나타나 보이지는 않지만 세상을 보호하고 관리하는 그 무엇이어서 시대가 흘러가도 변치 않는 훌륭한 것임을 말하고 있는 것이다. 또 '호기 浩氣'와 '단심 丹心'이라는 상징적 표현을 사용하기도 했다. 청대 장붕핵 張鵬翮 의 〈알형주묘 謁荊州廟 〉를 보면,

> 충정은 우주를 뒤덮고,
> 호기는 푸른 하늘을 메우는구나.
> 忠貞垂宇宙,　浩氣塞蒼穹.[220]

라는 구절이 있다. 여기서도 역시 '호기'를 이야기하고 있는데, 관우의 인격적 정신과 신격 형상의 근원을 말하고 있는 것이다. 중국 전

---

219 《解梁關帝誌》卷四《藝文下》, 앞의 책, 287쪽.
220 《解梁關帝誌》卷四《藝文下》, 앞의 책, 340쪽.

통 사대부들이 말하는 무궁발전의 근원이며 무한사고의 원천인 '호연지기 浩然之氣'와 그 맥락을 같이 하는 부분이라 하겠다. 유가적 가치관과 삶을 실천하며 살았던 중국 전통 지식인들의 인식의 단면을 보는 듯하다. 청대 교정계 喬庭桂 의 〈수지유감 修志有感 〉에서도

호기는 편안히 구름과 물을 따라 흐르고,

단심은 해와 별과 그 빛을 나란히 하네.

浩氣寧隨雲水逝, 丹心直倂日星光.[221]

라고 하였는데, 여기서도 역시 관우의 영험한 특별한 기개를 '호기'라고 표현하고 있다. 인간세계에서 보여준 의기와 충정은 세상의 일반적 가치를 뛰어넘어 해와 별과 견줄만한 어떤 절대적 가치와 영험함을 지닌 것이어서 그것을 '단심'이라 정의하며 관우 형상을 표현하고 있는 것이다. 위원정 魏元貞 의 〈효발당양알제묘 曉發當陽謁帝墓 〉에서도

일편단심으로 황제를 보필하니,

천년의 호기가 중원에 있구나.

一片丹心扶赤帝, 千年浩氣在中原.[222]

---

221   《解梁關帝誌》卷四《藝文下》, 앞의 책, 340쪽.

222   《解梁關帝誌》卷四《藝文下》, 앞의 책, 319쪽.

라고 읊고 있다. 세속적 가치기준으로는 알 수 없고 이해하기도 힘든 관우의 인격과 신격화된 능력의 바탕이 '호기'이며 그것이 실체로 드러나 보여짐을 '단심'이라고 표현하며 관우 형상을 나타내고 있다. 바로 '호기'가 관우정신의 근원적 요인이고 상징임을 말하고 있는 것이다.

문인 지식인들은 전통적인 유가적 가치관에 익숙한 그 속성상 관우를 모시면서도 민간인들처럼 특별한 절실함은 없었을 것이다. 허구적 사실에 비판적인 그들도 관우와 관련된 실재했던 역사적 자취를 따라 형주나 고향땅을 회고하며 지은 시가나 관우를 아예 삼국시대의 대표 역사로 간주하고 지은 시가에서는 촉한 중심의 유가적 기준을 견지하면서도 역시 관우의 훌륭한 인격과 신령스러운 신격을 인정하며 그 형상을 시가에 잘 반영하여 나타내었던 것이다.

4장.

민간문화와 관우

민간문학 속의 관우 형상

　삼국시대의 역사[223]가 존재한 이후 민간에서는 삼국관련 이야기가 한 시기동안 광범위하게 전해지다 민간문예의 한 부분으로 정착하게 된다. 민간문예가 비교적 활발했던 송대의 대표적 민간문학이 설화사가 說話四家 인데 그 중에서도 강사 講史 가 가장 유행하였다. 이 강사 가운데 삼국시대 이야기를 전적으로 다룬 '설삼분 說三分' 이야기가 독립적으로 존재할 정도로 송대 민간에서는 삼국시대 이야기에 대한 민중들의 관심이 대단하였다. 이러한 인기에 따라 저급한 수준의 이야기로는 싫증을 잘 내고 또 다른 새로운 것을 끊임없이 필요로 하는 민간인들의 욕구를 더 이상 만족시킬 수 없게 되었다. 그래서 하류계층의 민간 예술인들은 그러한 민간인들의 요구에 부응하기 위해 거의 자연적 형태인 구비전설에다 내용을 가공하

223　魏(220-265), 蜀(221-263), 吳(229-280).

고 다듬어 삼국 이야기를 보완해간다. 이리하여 이후 《평화 平話》를 거쳐 훌륭한 소설작품 《삼국연의》가 완성되어진다.

소설 《삼국연의》가 이루어지는 과정을 간단히 살펴보면 진수 陳壽의 역사서 《삼국지 三國志》의 내용이 민간에서 유전되어지다 한편으로 당대의 삼국 이야기와 송대 '설삼분'을 거쳐 원대 《삼국지평화》로 발전하게 된다. 또 한편으로는 수대의 삼국 이야기를 제재로 한 희극이 송·원의 '제궁조 諸宮調'를 거쳐 송·원의 '삼국희 三國戲'로 발전되었다가, 이 두 가지가 영향을 미쳐 나관중의 가정본 《삼국지통속연의》가 나오게 되고, 이어 모종강의 《삼국연의》가 있게 된다.[224]

이 과정에서 여러 요인에 의해 나날이 높아지고 있던 관우의 인기가 반영되어 관우 형상에 대한 이상화가 이루어진다. 당시 민간 예술인들은 대체로 몰락한 사대부 출신들이었기에 기본적으로 전통 유가문화의 교육과 영향을 받았을 뿐만 아니라 민간인들의 기호와 기대 수준까지도 잘 이해하고 있었다. 이러한 사회적 계층적 토대 하에 자신의 이상적 문예관을 기준으로 하여 예술적 기교를 더해 관우와 관우 관련 이야기를 민간에서 대단히 환영받는 민간문학의 수준으로까지 끌어올리게 된다. 이 점은 전통 유가문화 정신에 합치될 뿐만 아니라 민간인들의 수준에도 잘 맞는 것이어서 큰 인기를 얻게 된다. 이리하여 관우 이야기를 포함한 삼국관련 이야기들이 대체로 한 차원 높은 민간문학의 수준으로 드높여지게 된다.

224　于朝貴, 《三國演義探論》, 重慶: 西南師範大學出版社, 2011, 31쪽 참조.

이에 따라 송·원시기에 이르면 관우를 주인공으로 하는 여러 민간문학 작품이 나오게 된다. 당대 민간에서 시작된 설화의 화본이 송대를 거치면서 《평화》라는 문학작품으로 탄생되어지는데, 대표적인 것으로 원대에 간행되어진 《신전상삼국지평화 新全相三國志平話》[225]를 들 수 있겠다. 이 속에는 《도원결의 桃園結義 》, 《관공습차주 關公襲車冑 》, 《관공자안량 關公刺顔良 》, 《운장천리독행 雲長千里獨行 》, 《관공참채양 關公斬蔡陽 》, 《관공단도회 關公單刀會 》, 《관공참방덕 關公斬龐德 》, 《관공수엄우금군 關公水淹于禁軍 》 등 여러 가지 관우 이야기가 있다.[226] 이런 이야기 속에서는 모두 관우의 의리와 용맹, 지혜로움 등 그의 훌륭한 정신적 면모가 표현되어지고 있다.

이외에 원 잡극 雜劇 에서는 '삼국희'가 주요한 부분이었는데 《원곡선 元曲選 》에 기재된 삼국 이야기를 주제로 한 잡극이 60여 종이나 되었다. 그 중 관우를 주인공으로 한 것이 《단도회 單刀會 》, 《삼영전여포 三英戰呂布 》, 《천리주단기 千里走單騎 》, 《쌍부몽 雙赴夢 》, 《도원결의 桃園結義 》, 《고성회 古城會 》, 《단도벽사구 單刀劈四寇 》 등 10여 종이나 되었다. 모두 다 관우의 훌륭한 품성을 다룬 작품이며 이후 민간문학에서는 관우를 소재로 한 더 많은 이야기가 보다 더 구체화되어 전해지게 된다.[227] 이처럼 송·원대의 대표적 민간문학인 《평화》와 잡극 등에서는 관우의 의리와 용맹 등 정신적인 면이 부각되

225　이를 《삼국지평화》라 통칭하며 전해오고 있다. 이하 《삼국지평화》를 《평화》라 약칭 함.

226　이야기 제목은 《평화》의 본문 속 표제어로 하였다. 정원기, 앞의 책, 22-23쪽 참조.

227　馬書田 馬書俠, 《全像關公》, 南昌: 江西美術出版社, 2008, 78~81쪽 참조.

어 두드러지게 표현되어지며 관우 형상이 이상화되어졌던 것이다.

이러한 일련의 문학화 과정에서 송·원대 민간 문예인들은 관우 형상을 이상화하려고 더러는 실제 사실도 아니고 이치에도 맞지 않는 다소 황당한 내용을 가미하기도 하고, 더러는 역사적 사건과 사실을 지나치게 과장하여 꾸며 넣기도 하였다. 그 의도는 관우의 의리와 용맹을 승화시켜 표현하여 더 선명하고 생동적인 이미지를 갖추게 하기 위한 것이었다. 이를 통해 관중 독자에게 흥미와 감동을 불러일으킬 뿐만 아니라 나아가 관우를 받들어 본받고 학습하게 하고자 하였던 것이다. 이에 따라 관우를 흠모하고 숭배하게 되는 사회적 분위기가 조성되어 갔다. 민간문학에서 역사 속 인물 관우가 이상적 이미지를 갖추게 되자 관우 형상은 의리, 용맹, 지혜 등을 두루 지닌 완벽한 인물 형상을 이루게 된다. 이에 따라 관우와 관련된 민간문예는 민간문학의 수준으로 그 구성과 서술이 더욱 체계적이고 생동적인 것이 되어 한 차원 높은 발전을 이루어 일반인들에게 더욱 품격 높아진 관우를 보며 좋아하게끔 만들어 주었던 것이다.

이런 과정을 통해 볼 때 송대 민간문예와 원대의 《평화》, 잡극 등 민간문학에서의 관우 이상화는 문학적 면에서 문학예술 발전을 위한 든든한 기반이 되어 소설 《삼국연의》 탄생에 좋은 토대를 제공하고 기여를 하게 된다. 또한 문학외적인 면에서 그 사회에 큰 영향을 미치고 문화적 파문을 일으켜 후일 관우 숭배 문화현상 형성의 한 기틀을 만들어 주게 된다. 그러나 이 시기 《평화》, 잡극 등의 문학형식은 아직은 여러 가지 면에서 그 구성이 미흡하고 체제가 엉

성한 초보적 단계로 예술성이 대단히 부족하였다. 당시 이야기꾼의 대본에 불과했던《평화》나, 공연을 위해 만든 임시 저작 수준의 잡극은 전체적으로 예술적 정교함을 갖추지 못한 저급한 수준이었다. 그래서 관중과 독자들의 끊임없이 높아가는 예술적 안목과 문화적 욕구에 부응하기 위해 더욱 새롭고 정교하며 완벽한 예술형식을 갖춘 훌륭한 문학작품이 필요했던 것이다. 이렇게 조성되어진 여러 가지 사회문화와 문학의 발전적 토대 위에 소설《삼국연의》가 나와 문학 내외적인 면에서 큰 의의를 지니게 되는 것이다.

전개과정

관우문화현상이 나타날 수 있었던 것은 우선 역사적 사실이 바탕이 된다. 즉 동한 말의 삼국 분열의 역사에서 위진魏晉에 의한 통일에 이르기까지의 역사상의 모든 사실이 토대가 되는 것이다. 바로 삼국의 역사가 존재하였기에 역사가 진수陳壽가 귀중한 역사 자료를 제공받아 역사서《삼국지三國志》를 저술하게 된 것이다. 이것이 후세의 민간문학과 문학가들에게 예술적 창조의 근원적 소재를 제공하게 된다. 역사서의 특성상 사실에 대한 간결한 서술은 후대 문학 창작자들에게 충분히 상상력을 발휘할 수 있는 예술적 공간을 남겨 주었던 것이다.

따라서 삼국 역사 및 관우 일생을 소재로 한 민간전설, 잡극 공연, 소설 창작 등은 역사적 근거에 따르면서도 역사적 사실에만 국한되지 않는 많은 것을 더할 수가 있었다. 그래서 후세의 각종 예술 창작가들은 자신들만의 사유공간을 확대시켜서 상상의 나래를 펼칠 수 있었다.《삼국지·관우전》및 기타 인물전기 중 관우와 관련된 문자는 대략 900여 자 정도[228]이지만, 후세 민간문학의《평화》나 잡극 또는 소설《삼국연의》속에서의 관우 이야기나 내용은 그 이상이다. 이처럼 관우문화현상의 출현은 우선적으로 그 역사적 사실과 그것을 기록한 역사서의 존재가 그 주요 요인이라 할 수 있겠다.

완벽한 관우 형상이 조성되기까지 대체로 원시적인 역사적 소재의 자연스런 전래, 민간문학에서의 관우 이상화, 소설《삼국연의》에서의 완벽한 창조라는 세 단계의 과정[229]을 거친 것처럼 관우 형상의 이상화와 완벽화 과정에 바탕하여 탄생되어진 관우문화현상 또한 대략 세 단계의 과정을 거치게 된다.

먼저 구비문학에 의해 전래되는 단계이다. 귀로 직접 듣고 입으로 전해지는 원시적 이야기는 민간예술의 창작 소재를 풍부하게 만들어 주었고 또한 관우문화현상이 생길 수 있도록 그 기초를 다져 주었다. 어느 시대건 큰 전쟁이 끝나면 역사가들에 의해 그 상황을 기록한 역사서가 지어지게 되고, 동시에 관련된 모두 사실들이 구전의 방식으로 전해지면서 많은 전설과 이야기가 자연스럽게 출현하게 된다. 사실상 이런 것들은 민간의 역사 즉, 기록되지 않은 야사

---

228   남덕현 앞의 논문, 42쪽 참조.
229   본 절의 아래 '문학적 배경' 참조.

라 할 수 있겠다.

백년에 달하는 중국 역사상 이전에 일찍이 없었던 규모의 분쟁과 혼전이 끝나자 예외 없이 민간에서는 자연스레 관우를 포함한 많은 삼국관련 이야기들이 널리 전해지게 된다. 관련 자료를 보면 일찍이 진晉 대와 남북조시기에 삼국 이야기가 이미 민간에 광범위하게 전해지고 있었다. 이런 구전문학이 기록으로 들어가게 된다. 남조의 송나라 사람 배송지裵松之 는 진수의 역사서《삼국지》에 주를 달 때 많은 민간의 일화를 채택하여 기록하였다. 이런 기록은 문예화의 좋은 기초자료가 되었다. 이후 삼국관련 이야기는 수 · 당시기에도 여전히 전해지다가 만당에 이르러는 민간에서 강창되어져 아이들까지도 좋아했다고 한다. 이는 이상은李商隱 의 시에 잘 나타나 있다.[230] 송대에는 삼국 이야기가 민간예술로 스며들어가 설화예술 중에 이미 '설삼분說三分 '이라는 전문적인 민간문예 형태와 전문 예술인이 생겨나게 된다. 이후 모종강 부자에 의해 소설이 더욱 다듬어지자 삼국 이야기는 더 광범위하게 전해지게 되고 자연스레 관우의 이름도 세상에 더 널리 알려지게 된다. 결국 입으로 전해진 이러한 민간 이야기들은 나중에 민간문학가가 문예화의 작업을 할 때 역사적 사료보다 훨씬 풍부한 소재를 제공해 주게 되고, 동시에 관우문화현상 형성의 굳건한 대중적 기반을 조성해 주었던 것이다.

이처럼 진수가 저술한 정사《삼국지》와 그 역사적 사실과 관련되어 다양한 형태로 전해져 사실상 야사화 되어진 각종의 역사관련

230　李商隱,《驕兒》"或謔張飛胡, 或笑鄧艾吃."

이야기가 후일 관우문화현상 형성의 기본적 주요 배경이자 요인이 되었던 것이다.

민간문학에서의 이상화

　　민간에서 삼국 이야기가 한 시기동안 광범위하게 전해져 민간 문예의 한 부분으로 정착하게 되자 또다른 새로운 것을 필요로 하는 민간인들의 욕구를 더 이상 만족시킬 수 없게 되었다. 그래서 하류계층의 민간 예술인들은 그러한 민간인들의 요구에 따라 거의 자연적 형태인 구비전설에다 내용을 가공하고 다듬어 관우에 대한 이상적 인물화 작업을 시도하게 된다. 민간 예술인들은 기본적으로 전통적 유가문화의 영향과 교육을 받았지만 일반인들의 감상기호와 욕구를 잘 이해하고 있었기에 자신의 이상적 문예관에 따라 예술적 기교를 더하여 민간에서 크게 환영받는 민간문예의 수준으로 끌어올리게 된다. 이는 전통적 유가문화의 정신에도 부합될 뿐만아니라 민간인들의 기호에도 들어맞는 것이어서 민간에서 큰 호응을 일으키게 된다. 이리하여 관우가 포함된 삼국관련 이야기들이 한 차원 높은 민간문학의 수준으로 창작되게 된다.
　　이런 분위기 속에 송 · 원시기에 이르게 되면 관우를 단독 주인공으로 하는 민간문학 작품이 대량으로 나오게 된다. 예를 들면, 원대에 간행되어진《신전상삼국지평화 新全相三國志平話》중에는 관우를 소재로 한 많은 이야기가 있다.《도원결의 桃園結義》,《관공자안량關

公刺顔良 》,《관운장천리독행 關雲長千里獨行 》,《관공단도회 關公單刀會 》, 《괄골료독 刮骨療毒 》,《수엄우금군 水淹于禁軍 》등 십여 가지의 이야기 가 모두 관우의 충의, 무용, 지혜, 의연함 등 그의 훌륭한 정신적 면 모를 표현하고 있다. 이외에 원 잡극에도 관우의 훌륭한 품성을 다 룬 작품이 십여 종 있는데,《단도회 單刀會 》,《천리독행 千里獨行 》등이 현존하고 있다. 이처럼 송·원대 민간문학인《평화》, 잡극 등에서는 관우의 충의와 용맹 등 정신적인 측면이 중점적으로 두드러지게 표 현되어지면서 관우 형상이 이상화되어지고 있었던 것이다.

　송·원대 민간문학에서 민간 문예인들이 관우의 형상을 이상 화하면서 없는 내용이나 사실과 부합하지 않고 순리에도 맞지 않는 다소 허황한 내용을 가미한다든지 아니면 그 사건 자체를 지나치게 과장하여 꾸며 넣기도 하였다. 그 의도는 관우의 충의와 무용정신 을 두드러지게 표현하여 이미지를 더욱 더 선명하고 생동적이며 위 엄있게 하고자 하는 데 있었다. 그리하여 관중이나 독자들의 심리 를 자극하여 흥미와 감동을 불러일으키게 하고 나아가 관우를 학습 하고 본받게 하였던 것이다. 이는 결국 그를 흠모하고 숭배하게 하 는 사회적 분위기를 조성하게 되었던 것이다. 민간문학이 역사적 관우 형상에 대해 이상화를 이루게 되자 관우 형상은 바로 충의, 무 용, 지혜, 의연함 등의 개성을 갖추게 된다. 이에 따라 관우와 관련 된 민간문예는 그 구성과 서술이 더욱 체계적이고 생동적인 것이 되어 일반인들이 더욱 관우를 좋아하게 만들었던 것이다.

　결국 송·원대 민간문예와 원대의《평화》, 잡극 등 민간문학에 서의 관우 이상화 및 그 광범위한 전파는 관우문화현상 형성의 한 토대가 되었을 뿐만 아니라 소설 《삼국연의》 탄생을 위한 문학적 요소의 튼튼한 기반을 제공해 주었던 것이다.

대략 8세기 당나라 중엽부터 민간의 이야기꾼들이 도시의 인구 밀집지역에서 상업성 연출을 하며 각종 장편 혹은 단편 고사를 강창講唱 하였는데, 송대 민간에서는 이미 삼국고사가 유행하였고 그때 강창예술 '설삼분說三分'은 전적으로 한말의 삼국고사를 강창한 것이었다. 북송의 도시생활은 대단히 번영하여 민간의 설창예술은 발전을 이루어 희곡, 평서評書, 그림자극 등의 많은 민간기예와 문예가 다투어 번성한 도시의 크고 작은 공연장과 극장에서 거의 매일 공연되었다. 이때 유행했던 그림자극에서의 관우 형상은 민간인들에게 큰 감동을 주었다.[231] 원대 잡극雜劇에서는 삼국희三國戲가 주요한 부분이었는데 《원곡선元曲選》에 기재된 삼국 이야기를 주제로 한 잡극이 60여 종이나 되었다. 그중 관우를 주인공으로 한 것이 《단도회單刀會》, 《삼영전여포三英戰呂布》, 《천리주단기千里走單騎》, 《쌍부몽雙赴夢》, 《도원결의桃園結義》, 《고성회古城會》, 《단도벽사구單刀劈四寇》 등 10여 종이나 되었다. 이후 원 영종英宗 때에 삼국 이야기를 정리하여 출판된 《삼국지평화三國志平話》에는 《고성회古城會》, 《관우천리주단기關羽千里走單騎》 등 관우를 소재로 한 더 많은 이야기가 보다 더 구체화되어 실려 전해지게 된다.[232] 이어 명 · 청의 《삼

---

231   "京师有富家子, 少孤专财, 群无赖百万诱导之而此子甚好看弄影戏, 每弄至斩尖羽犹为之泣下, 嘱弄者且缓之" 朱一玄: 《三国演义资料汇编》(天津 : 南开大学出版社, 2003), 113쪽.

232   馬書田 馬書俠 著, 앞의 책, 78-81쪽 참조.

국연의》²³³에 이르면 관우 형상은 예술적 가공을 거쳐 불후의 인물로 창조되어진다. 이와 같이 관우 이야기는 송 · 원의 민간기예와 문예를 거쳐 원에서는 민간문학의 영역으로 들어가게 되고 명 · 청에는 사대부문학과 견줄만한 수준의 문학으로 한 차원 높이 승격되어 관우문화현상의 주요한 요인이 된다.

민간문예와 문학의 영향

관우 이야기는 민간에서 어떻게 대대로 전해질 수 있었을까? 그것은 민간에서 관우를 숭배하며 제를 지내는 활동의 부차적인 결과물이라고 말할 수 있다.

후한 건안 24년, 219년 촉나라 장수 관우는 형주 지역 총사령관으로 위나라, 오나라와 형주를 두고 벌이던 형주쟁탈전 과정에서 동오의 군대에 사로잡혀 참수당하였다. 그후 관우의 머리와 몸은 각각 낙양과 당양에 매장되었다. 이후 관우 정벌에 큰 공을 세웠던 여몽은 알 수 없는 병으로 죽었는데, 중국의 민간인들은 영험한 관우의 혼령이 벌을 내린 거라고 믿어 왔었다.

이처럼 관우는 죽은 후부터 민간인들에게 특별한 능력을 지닌 영험한 신적인 존재로 받아들여졌다. 특히 형주 지역에서는 그를

---

233   明 嘉靖 元年(서기 1522년) 羅貫中의 《三國志通俗演義》가 출판되고, 淸 康熙년간(서기 1662년) 毛宗綱 부자가 나관중의 《삼국지통속연의》를 비평 수정하여 다시 출판하였다.

수호신처럼 모시는 분위기가 조성되어 있었던 것이다. 이처럼 관우 신앙은 무속신앙처럼, 형주와 그의 고향 운성에서 일종의 지역신처 럼 섬겨지고 있었던 것 같다.[234] 이는 삼국지의 다른 인물인 유비나 장비, 제갈량 등도 비슷하게 그들의 고향에서는 거의 지역신의 수 준으로 섬겨져 온 것과 같은 것이다.[235] 이처럼 관우는 후일 국가적 으로 신격화되기 전에 고향 지역에서부터 이미 특별한 존재로 대접 받고 있었던 것이다.

한대 민간에서는 사당에서 충신과 명장의 제사를 지내는 풍속 이 있었는데 예를 들면 중원의 개자추介子推 사당, 형초의 굴원 사 당, 오월의 오자서伍子胥 사당 등이 그 대표적인 것들이다. 이런 풍 습으로 인해 민간인들은 우선 고향 지역을 중심으로 관우를 숭배하 며 제를 지내고 그의 이야기를 전하여 칭송함으로써 관우의 신적 존재를 세상에 알려 갔던 것이다. 이러하다 보니 관우와 관련된 삼 국 이야기가 민간에서 매우 널리 퍼져 있었던 것 같다. 이처럼 민간 에 유행하던 이야기가 점차 문예작품의 영역으로 들어오게 되는 것 이다.

먼저 당나라 때 이상은李商隱 의 시 《교아驕兒 》에서 "장비의 수염에 깔깔대고 등애의 말더듬음에 웃는구나."[236] 라는 구절이 있었다.

---

234 이런 분위기는《삼국연의》83회를 보면 잘 알 수 있다.

235 유비, 장비의 고향인 중국 하북성 탁주시의 三義宮에서는 그들을 오래 전부터 지역신처럼 모셔왔다고 한다. 桂郁 主編 《樓桑三義宮》(涿州 ; 涿州文化叢書. 2001年 9月) 참조.

236 李商隱,《驕兒》"或謔張飛胡, 或笑鄧艾吃."

송대에 이르러는《동경몽화록東京夢華錄》의 '설화說話'에 이미 '설삼분說三分'이라는 독자적인 과목이 있었다. 또 소동파는《동파지림東坡志林》에서 '삼국시대 이야기에 이르러 유현덕이 패하는 것을 들으면 얼굴을 찡그리며 눈물 흘리는 이도 있고, 조조가 패한 것을 들으면 좋아서 쾌재를 부르기도 한다.至說三國事, 聞劉玄德敗, 顰蹙眉, 有出涕者; 聞曹操敗, 卽喜, 唱快 "라고 적고 있다. 삼국 이야기는 유전되어 오다 송대에 이르러서는 이미 "골목의 어린 아이들이 모여 앉아 옛 이야기를 듣고 말한다."고 할 정도로 민간에 널리 유행하였고, 이때 '옹유반조擁劉反曹'의 정서도 분명히 드러나 있었다. 송대 소동파조차도 탄식하며 "군자와 소인의 자취는 영원히 사라지지 않음을 알게 된다.以是知君子小人之澤, 百世不斬 "라고 하며 삼국 이야기의 가치를 말하였다.[237]

원대 잡극에서 이미 삼국희三國戱가 있었는데, 예로《관대왕단도회關大王單刀會》를 들 수 있다. 원대 간행물《삼분사략三分事略》과 삼국의《평화平話》는 지금까지 볼 수 있는 최초의 삼국 이야기 관련 서면자료이다. 그중 관우와 관련된 '도원결의', '유비 관우 장비가 여포를 물리치다', '다섯 관문을 지나면서 여섯 장수를 베다', '화용도에서 조조를 만나다', '단도회' 등의 허구적인 이야기가 이미 들어 있었다. 이로써 서기 2, 3세기에서 살았던 관우가 천년의 긴 시간을 거쳐 13세기 원대에 이르러 이미 일련의 새로운 이야기의 줄거리로

237   張警鵬,〈關羽形象昇遷與中國傳統道德精神〉,《三國演義學刊》(荊州市三國演義硏究會, 2001
       年 第1期) 23쪽 참조.

바뀌어 있었던 것이다. 이러한 이야기는 이미 장수 관우의 형상이 미화되고 잘 갖추어져 소설《삼국연의》의 내용과 별로 차이가 없다. 관우 이야기는 수천 수백 년의 긴긴 세월 속에서 사람의 입에서 입으로 전해오면서 스스로들의 사상 경향과 심미적 정감에 따라 이야기를 덧붙이고 바꾸어 왔던 것이다. 이 과정에서 관우의 형상은 더욱 풍부해지고 생동감 넘치며 완벽해져, 원대에 이르러 무대 위에 올려지고 책으로 쓰여지며 민간문예와 민간문학의 영역으로 본격 자리잡게 된 것이다.

이처럼 민간에서 관우 이야기가 보편적으로 널리 유행되어지면서 그 과정에서 관우에 대한 존재와 인식이 점차 높아지게 되고, 관우는 민간에서 그 지위가 서서히 높아져 갔던 것이다. 이에 사대부 지식인들도 자연 관심을 가지게 되어, 그들의 글과 작품 속에 관우를 언급하며 서서히 그를 추존하게 되었던 것이다. 이런 분위기가 결국 민간문예와 문학을 통해 드러났던 것이다. 이런 하부의 민간인계층은 물론 상부의 사대부계층까지 공감하는 관우 숭배의 분위기는 마침내 봉건통치자에게까지 관우의 존재를 인식시키고 관우 숭배를 받아들이도록 영향을 미쳐 관우를 '왕'으로 봉하는 일이 빨리 이루어질 수 있었던 것이다.

이런 국가 차원의 관우 추존은 민간의 관우 숭배 활동을 더욱 자극하게 되어, 관우 이야기도 더욱더 발전해 갔고, 원대에는 극으로, 원말 명초에는《삼국연의》라는 민간문학 최고 수준의 작품으로 만들어지게 된다.

오랜 시간 민간에 구전되어 온 여러 삼국 관련 이야기가 민간에서는 덜 체계적이었지만 다소 구체적인 이야기로 만들어지게 된다. 이것을 사대부 문인 작가가 《삼국연의》라는 구체적 문학작품으로 완성시킨 것이다. 소설의 핵심 부분은 역사적 사실보다 오랜 시간 민간의 입을 통해 전해진 전설에서 더 많이 왔고, 《삼국연의》를 통해 관우의 형상은 예술적 수준의 정련과 승화를 이루게 되었던 것이다.

　이 소설의 유행과 성공으로 인해 이후 중국 사회에서는 이야기 수준에 머물던 관우 관련 이야기들이 구체적 작품으로 완비되어 문단에 등장하게 되어 더욱 관우 신격화에 영향을 미치게 된다. 예를 들면 관우가 치우를 물리쳐 세상을 구한 이야기는 희곡으로 재연되었다. 명대 맥망관脈望館의 필사본《고금잡극古今雜劇》가운데 무명씨의 잡극인《관운장대파치우關雲長大破蚩尤》가 그것이다. 이 작품에는 관우가 치우를 물리쳐 세상을 구한 대가로 해주에 관공의 묘가 세워지고 숭녕진군으로 봉해진 이야기가 들어 있다. 이미 민간의 문예와 문학이 역사적 사실과는 관계없이 중국 사회에서 계속적으로 관우 신격화에 많은 영향을 미쳐왔음을 알 수 있겠다.

관우문화현상

　　오늘날 중국에는 삼국지문화가 존재하고 있는데, 그 중심에 관우문화가 자리잡고 있다. 중국인들에게 있어 관우는 평화신과 재물신의 개념 속에 그들과 함께 살아오고 있는 것이다.

　　역사 속 관우는 문무를 겸비한 촉한蜀漢 의 훌륭한 한 장수에 불과하였다. 그런데 그가 죽은 후 언제부터인가 통치계층은 물론이고 민간인들 사이에서 계속 추존되어지고 숭배되어져 결국 신의 지위에 올라 오늘날까지 이르게 된다. 특히 민간에서 관우는 중국을 대표하는 성인 공자와 대등한 대접을 받으면서[238] 그 지위를 뛰어넘어 더욱 신격화되어졌으며, 불교에서는 가람신으로, 도교에서는 관성제군關聖帝君 으로 받들어지고 있다. 이처럼 관우는 여러 가지 요

238　오늘날 중국에서 관우는 무성인(武聖人)으로 공자는 문성인(文聖人)으로 모셔지고 있다.

인에 의해 신격화되어져 왔는데[239] 관우 숭배는 이에 그치지 않고 결국 중국인들의 생활 속으로 들어가 신이 되어 그들과 함께 살아가며 중국 사회에서 하나의 문화현상을 낳고 있다. 중국인들에게 관우는 대개의 역사적 인물들이 그러하듯 서서히 잊혀져간 것과는 달리 민간에서 이토록 신격화되어 그들의 생활 속에 깊이 함께하고 있는데 이는 실로 중국사상문화사에 있어 독특한 현상이 아닐 수 없다.

관우문화현상

관우와 관련한 이야기는 삼국[240] 역사의 시작인 기원 220년부터 청淸 강희康熙 연간1662-1723년 모종강毛宗綱 부자의 평정본《삼국연의三國演義》에 이르기까지 무려 약 1,500년의 시간을 거치며 형성되었다. 관우라는 인물은 역사 속의 한 장수에서 예술적 형상으로 창출되어 오늘날까지 이미 1,800년이라는 시간이 흘렀지만 갈수록 그 위치가 점점 더 높아져 갔다. 특히 근대에 이르러서는 더욱 더 그 인기가 더해져 민간에서 신으로까지 모셔지게 되면서 관우 사당이 곳곳에 지어져 많은 참배자들이 끊이지 않고 있다.

사실 오래 전 어느날부터 관우는 중국인들에게 신으로 숭배되

---

239   남덕현, 〈關羽 神格化의 요인 고찰〉,《中國研究》제46권, 2009.
240   魏(220-265), 蜀(221-263), 吳(229-280).

어져 왔다. 죽은 지 850여 년이 지난 북송北宋 휘종徽宗 대에 무안왕武安王 으로, 명明 대 만력萬曆 시기에는 협천호국충의대제協天護國忠義大帝 로 봉해졌다. 이후 중국 사회에서 관우는 무성인武聖人 이 되어 문성인文聖人 인 공자와 대등한 지위에 이르게 된다. 특히 민간에서 관우는 더욱 신격화되어져, 불교에서는 가람신으로 숭상되어지고, 도교에서는 관성제군으로 받들어지게 된다.

특히 소설《삼국연의》가 민간에서 유행하여 관우 숭배의 분위기가 조성되어지자, 역대 중국의 제왕들은 그의 충의정신을 활용하기 위해 관우에게 시호와 작위를 끊임없이 하사하며 관우 신격화를 조장하게 된다. 그리하여 생전에 유비 수하의 일개 장군에 불과했던 그가 죽은 후 일천여 년이 지나는 동안 나날이 인기가 올라가 역대왕조 통치자들에 의해 끊임없이 추존되어져 청대 덕종德宗 광서光緒 오년1879년 에 '충의신무영우인용위현호국보민정성수정익찬선덕관성대제忠義神武靈佑仁勇威顯護國保民精誠綏靖翊贊宣德關成大帝'라는 무려 26자나 되는 긴 봉호를 가지게 된다. 이렇듯 관우에 대한 숭배는 통치계층과 민간인계층을 막론하고 극에 달하여 청대에는 관우 사당이 없는 곳이 없을 정도였고 오늘날까지도 그 열기는 끊이지 않고 더해지고 있다.[241]

관우는 결국 모든 중국인에 의해 영웅이 되었을 뿐만 아니라, 더 나아가 재앙을 없애고 병을 낫게 하는 신으로 받들어지고 있는 것이다. 통치계층의 강력한 추존과 일반인들의 숭배 속에서, 관우는

---

241   蔡相煇,〈臺灣的關帝信仰及其教化功能〉,《中國歷史文化中的關羽學術研討會》2002, 177쪽.

충성스런 한 장수에서 일반인들의 마음속 신이 되어 일반 가정에서 모셔지게 되었다. 인간에서 신으로까지 숭배된 관우 형상은 시간이 흐를수록 발전하여 전 중국에 그 위세를 떨치다가 중국인의 발자취를 따라 동남아 지역으로 건너가더니 끝내는 세계 각지로까지 뻗어 나가고 있다.[242]

오늘날 보여지고 있는 관우문화현상의 모습은 실로 독특하다. 우선 관우는 중국인들의 마음속에 신으로 자리하며 그들과 함께 살아가고 있다. 중국의 많은 도교 사원에는 당연히 관우상이 모셔져 있다. 일반 가정에서는 관우 부적은 돈을 벌어다 주는 재물신으로 받들어지고 있다. 거리의 식당, 찻집, 상점 입구에 놓여 있는 관우상에는 '날마다 돈 벌게 해주소서天天發財'라고 적힌 문구와 더불어 관우의 손에 지폐가 들려져 있다. 관우 화상을 살 때는 절대 '산다買'라는 용어를 사용하지 않고 '청해서 모셔온다請'고 말할 정도로 숭배하고 있다.

중국에서는 황제의 묘엔 능陵, 성인 무덤엔 림林 자를 붙이는데[243] 공자의 무덤을 공림孔林, 관우의 무덤은 관림關林 이라고 한다. 수많은 중국 역사 속의 인물들 중에서 공자와 관우만이 성인으로 추존받고 있는 것이다. 형이자 황제였던 유비나 귀신을 부리는 재주를 지녔다는 제갈공명도 신이 되지 못했는데 유독 관우만 관왕關

242 蔡東洲 文廷海 著《關羽崇拜硏究》(巴蜀書社 2001년 9월), 馬書田 馬書俠 著《全像關公》(江西美術出版社 2008년 1월) 등 참조.

243 중국에서는 제왕의 묘를 룽(陵)이라 하고 왕후의 묘는 총(冢), 일반 백성의 묘는 분(墳), 성인의 묘를 림(林)이라고 한다.

(좌) 관림 입구 정문에서 안쪽을 바라보고 섰을 때 왼쪽 옆에 있는 패방

(우) 관림 사당 본 건물

王이 되고, 나아가 관제關帝가 되어 공자와 어깨를 나란히 하며 성인으로, 신으로 숭배받고 있는 것이다.

소설 《삼국연의》에서처럼 관우의 혼령이 내 머리를 돌려달라며 옥천산에 나타났기 때문에 관우를 원한 맺힌 혼령으로 믿고 그를 인간의 영역을 이탈한 귀신의 범주 속 존재로 간주하고 제사 지냈을 수도 있다. 또한 조조가 관우의 꿈에 시달리다 죽고, 관우를 공격했던 오나라 장수 여몽呂蒙도 이후 병으로 죽었다는 소설의 내용도 민간인들의 기복 신앙심을 자극하여 관우를 신의 영역으로 들여보냈을 것이다.

관우의 고향은 중국 최대의 소금호수가 있는 산서성 해주海州이다. 예로부터 소금은 동서양을 막론하고 사람들의 필수생활품이었다. 때문에 동양에서는 염전을 얻는 자가 천하를 지배한다고 했다. 중국의 중원 지역은 바로 이 해주의 소금을 기반으로 융성하였던 것이다. 진시황도 먼저 해주를 제압하며 천하통일 전쟁을 시작했다. 한나라 때는 소금이 국가의 전매품이 되었고 국가의 보호하에 해주 사람들은 소금을 전매하며 막대한 이익을 얻고 전국의 상권을 장악하게 된다. 특히 산서 지방은 예로부터 유목민족과 대치하는 군사 요충지였던 까닭에 막대한 군사비는 주로 소금장수들이 부담하였다. 사실상 해주 소금장수들은 국가·사회·경제의 중추이자 후원자였던 것이다.

특히 향토애가 강한 산서 소금장수들은 장사를 떠나면서 중국 곳곳의 행선지마다 관우상과 부적을 지니고 다녔다고 한다. 이로부터 관우를 군사의 신이자 상업신, 비밀결사의 수호신으로 떠받는 관우 신격화 현상이 전국으로 퍼지게 된 것이다. 지금도 화교가 동남아시아를 비롯해 세계 곳곳에서 뿌리를 내릴 때는 관제묘가 어김없이 세워지고 있다.

또한 중국에서는 궁중에서 군신軍神을 제사하는 관습이 있었다. 한나라 때에는 전쟁신 치우蚩尤를 모셨고 당나라 때에는 태공망 강자아를 군신으로 모셨으나 송나라 때에 이르러 민간에서 관우가 치우를 무찔렀다는 전설이 생겨나면서 그 존재가 부각되기 시작하더니 원나라 때에는 촉한정통론의 촉나라 장수 관우가 전국적 군신의 자리에 오르게 된다. 이민족의 나라인 원나라 치하에서 정통 한족 출신 장수를 군신으로 대접해 몽골족의 원나라에 정신적인 면에서 무언의 저항을 하였던 것이다. 명나라의 영락제는 자신의 쿠데타가 성공한 것은 관우가 도왔기 때문이라며 관우에게 제帝라는 시호까지 붙였다.

한편 관우는 고향에서 탐관오리를 죽이고 도망자 신세로 쫓기다 강물로 얼굴을 씻을 때 물 속 관음보살의 도움으로 얼굴이 붉게 되어 추격자의 눈을 속이고 관關을 벗어날 수 있었다는 전설이 있다. 원래 성은 관 씨가 아니었는데 이때부터 관이라고 하였다고 한다. 흥미로운 것은 중국인들은 붉은색을 액을 막아주고 복을 불러오는 길한 것으로 생각하기에 붉은 얼굴의 관우에 대해 더욱 쉽게 다가가 친밀감을 느끼게 되었던 것이다. 관우의 얼굴이 붉다는 점이 바로 관우를 통치자와 피통치자는 물론이고 온 중국 사람들이 출신과 계층의 차이를 떠나 모두 신으로 모시게 되는 주요한 요인이 되었던 것이다.

이처럼 관우 형상을 전하고 숭배하고 본받고 모시면서 형성된 일련의 문화현상은 중국문화의 유구한 역사 속에서 보기 힘든 특이한 모습인 것이다. 이 현상은 중국문화사에서 한 주류가 되어 특별한 매력을 지니게 되는데, 이러한 관우 형상으로 말미암아 전해지고 나타난 갖가지 문화형태를 일컬어 '관우문화현상'이라고 한다.

관우문화현상의 내원

관우문화현상이 언제 어디서부터 생겨났는지는 정확히 알 수는 없으나 그 대략적인 역사적 내원을 살펴보면 다음과 같다.

역사 속의 관우는 유비 수하의 한 장수에 불과하였다. 수隋 당唐 오대五代에 이르러도 생전에 봉해진 '한수정후漢壽亭侯'라는 작위 정도였고 그의 생애의 사적 또한 겨우 입으로 전해졌을 뿐이었다. 송대에 이르러 관우를 포함한 삼국시대 역사 이야기가 많이 전해지고 민간문학이 일어남에 따라 관우의 인기가 점점 올라가게 된다. 이런 분위기가 일자 송대는 관우를 활용하기 위한 국가차원의 신격화가 이루어지게 된다. 북송 휘종 숭녕崇寧 원년1102년 에 충혜공忠惠公 의 시호를 내렸고, 숭녕 3년1104년 에 다시 숭녕진군崇寧眞君 으로 추존 하였다. 휘종 대관大觀 2년1108년 에는 소열무안왕昭烈武安王 으로 추 존되어져 왕의 작위를 받게 된다. 선화宣和 5년1123년 에 다시 '의 용義勇'이라는 두 글자를 더해 의용무안왕義勇武安王 으로 추존되어 진다.

이처럼 송대는 주로 국가 통치차원에서 관우의 신격화가 진행 되었던 것이다. 이것이 민간차원에 영향을 미쳐 본격적으로 숭배되 기 시작하면서 진정한 관우신으로 변화되어져 가게 된다. 송대의 지방지《함순임안지 咸淳臨安志 》에 "청원진군의용무안왕묘를 서계법 화산西溪法華山에 1162년에 세움"[244]이라고 적혀 있다. 간접 자료의 기록에 따르면, 송대에 이미 관우 사당이 여러 곳에 생겼다고 한다. 《송회요집고 · 예20宋會要輯稿·禮20 》에 이미 당양當陽 의 관우 사당에 "백성들이 질병이 있으면 반드시 기도하였으며, 사승이 음식을 주 었다."[245]라는 기록이 있다. 이로 미루어 보아 송대에는 통치자계층 만이 관우를 추앙하고 이용한 것이 아니라 종교적 차원에서도 이미 관우를 모시기 시작하였고 민간인들도 숭배하는 등 관우문화의 원

---

244 "清元眞君義勇武安王廟, 在西溪法華山, 1162年建"
245 "民有疾癘必禱, 寺僧以給食"

형이 싹터 있었음을 짐작할 수 있다.[246]

이렇게 시작되어진 관우문화의 원형은 다음 여러 시대를 거치면서 점차 구체화 되어져 간다.

먼저 송대에 이어진 원대의 모습을 살펴보자. 송대는 주로 통치계층, 즉, 관방에 의한 신격화가 민간에 영향을 미치면서 원대 민간에 이르러서는 본격적으로 관우 숭배가 시작되어진다. 사실 당대부터 민간에서 있어 왔던 삼국관련 이야기와 문예는 민간인들 사이에서 상당한 호응을 받아왔었다. 송대 통치계층의 신격화와 사회적 변화에 따른 민간문예의 성장 등의 이유로 인해 삼국 이야기도 민간인들 속으로 훨씬 가까이 다가갔던 것이다. 이렇듯 송을 거치면서 원대에 이르러서는 관우 사적에 대한 민간전설이 광범위하게 전해지게 된다. 그러다보니 원대에는 관우를 표현대상으로 하는 화본과 잡극저본 등의 민간문학이 성행하게 된다. 부석화 傅惜華 의《원대잡극전목 元代雜劇全目》의 기록에 의하면, 원초에서 원·명교체기 사이까지 삼국 이야기를 다룬 잡극은 모두 37종이 있고 그 가운데 관우를 '정명 正名'으로 한 것은 11종이나 된다. 관우는 역사 속의 전쟁터에서 현실의 민간문예 속으로 흘러들어갔던 것이다. 이리하여 원대에 관우문화 및 삼국문화가 중국문화사에 처음으로 크게 전래되고 보급되어지는 모습을 보이게 된다. 거리의 주점, 찻집, 공연무대 등과 같은 민간인들이 활동하는 장소는 모두 관우문화 및 삼국 이

---

246   崔序芝 謝章平,〈論關公文化現象成因〉《三國演義學刊》(荊州市三國演義研究會) 2001年 第1期) 32쪽.

야기를 크게 보급시키는 최고의 장소들로 활용되어졌던 것이다.

원대 문종文宗이 즉위하자마자, 관우를 '현령의용무안영제왕顯靈義勇武安英濟王'이라 봉하고 사신을 그 묘에 보내 제사지내게 하였다. 여기서 원대 통치계층에 의해서도 관우에 대한 신격화가 시도되고 있었음을 알 수 있다. 원대에 이르러 관우 사당도 크게 증가하였다. 명대 지방지에서 조사된 자료의 기록에 따르면 원대에 세워진 관우 사당은 20여 곳이나 되어 관우 숭배 문화의 모습이 드러나기 시작했음을 알 수 있다. 따라서 원대는 민간문학에서의 관우정신과 이야기에 대한 광범위한 전래와 보급, 통치자 계층의 추존과 종교적 봉양, 그리고 민간인들의 관우정신에 대한 숭상과 관우 형상에 대한 숭배가 본격적으로 진행되기 시작하여 중국문화사에 사실상 관우문화현상 흥성의 분위기가 처음으로 조성되어졌던 시기라 할 수 있다.[247]

다음으로 명대의 모습을 살펴보자. 명대는 나관중의 유명한 장편역사소설《삼국연의》가 탄생되어 전해지는 시기이다. 소설에서 작가는 역사적 자료를 바탕으로 하여, 민간전설과 민간 문예인들이 창작한 화본 및 잡극 등 민간문학 작품 속의 다양하고도 풍부한 요소들을 잘 수용하여 완벽한 관우 형상을 창조해낸다. 이로써 관우는 예술적 전형으로 승화되어 또다른 새로운 모습으로 탄생되어 민간인들에게 나타나게 된다. 이에 따라 전대에 일어난 관우문화현상의 초보적 분위기가 한층 더 고조되어 문화예술의 경지로까지 발전

247　崔序芝 謝章平, 앞의 논문 32쪽 참조.

되어 이후 문화현상으로의 발전적 토대를 구축하게 된다.

명대에도 물론 통치계층의 추존은 계속되어진다. 성화成化 13
년1477년에는 정식으로 지안문地安門에 있는 관제묘關帝廟에 매년
날짜를 정해 제사를 지내게 하였고, 무종 정덕제 정덕正德 4년1509
년에 조정에서 조서를 내려 전국에 있던 관묘關廟의 이름을 모두
충무묘忠武廟로 고치게 하였다. 가정嘉靖 10년1531년에는 한관제
한수정후로 추존하였다. 또 신종 만력제의 만력 22년1594년에 협천
호국충의제協天護國忠義帝에 봉하여 왕에서 승격되어 제의 시호를 받
게 된다. 또 만력 42년1614년 10월에 관우는 삼계복마대제신위원진
천존관성제군三界伏魔大帝神威遠震天尊關聖帝君로 고쳐 봉해지며 끊임
없이 추존되어 갔다.[248]

이에 따라 민간에서의 관우 숭배도 더욱 가속화되었다. 명대
관련 자료들의 기록에 보면, 명대에는 일찍이 관우의 직위가 연이
어 올라갔는데 처음에는 '충무忠武', '협천대제協天大帝', '영렬英烈'
등의 작위가 수여되다 결국 관성제군의 지위에 오르게 된다. 이런
봉호의 상승에 따라 지위가 계속 높이 올라가게 되고, 동시에 그 신
격화가 가속되어 권위가 현실세계를 넘어 삼계로 확대되어져 갔으
니 관우 숭배의 정도가 상당한 수준에 이르렀음을 알 수 있겠다. 또
한 명대에는 이전 시대에 비해 관우 사당이 여러 지역으로 아주 넓
게 분포되어진다. 명대 지방지의 기록에 따르면, 관우 사당은 그 명
칭만 해도 10여 종이나 된다고 한다. 이것으로 보아도 관우를 통치

---

[248] 남덕현, 앞의 논문 47쪽 참조.

자계층에서 얼마나 추앙하고 있었는지, 관우를 참배하고자 한 사람들이 얼마나 많았는지, 관우 숭배의 분위기가 어느 정도였는지를 미루어 짐작할 수 있다. 관우 형상이 예술적으로 완벽하게 창출되어 사회 속으로 그 영향을 미쳐 통치자계층은 물론이고 종교차원에서도 봉양되어지고 민간인들에게 의해서 더욱 숭배되어지는 등 관우문화현상의 분위기가 한껏 성숙되어져 갔다. 따라서 명대는 전대의 관우문화현상 발흥의 분위기가 한층 성숙되어진 시기라 할 수 있겠다.[249]

이어서 청대의 모습을 살펴보자. 청대에는 모륜毛倫 모종강 부자가《삼국연의》를 비평하고 손질을 가하여 더욱 정형화시켜 완벽한 관우 형상이 탄생되어 짐에 따라 또다른 차원의 관우문화현상의 분위기가 일어나게 된다. 이런 분위기는 물론 청대에도 통치자계층의 강력한 추존과 전래 보급이 그 기본적 바탕이었다. 죽은 후 일천여 년이 지난 관우는 다시 한 번 그 이름을 크게 떨치게 된다. 관우문화현상의 분위기는 단지 '대단하다'라는 정도가 아니라 다소 장중하고 엄숙한 분위기로 승화되어진다. 명대는 홍무 영락 때에 겨우 관우를 위해 사당을 세운 내용을 정사에서 볼 수 있었지만, 청대에는 역대 왕조가 관우에게 증봉한 것까지 모두 실록에 실려 있다. 《청사고清史稿》84권《禮三》의 기록을 보면 강희제 때 기록이 없는 것을 제외하고는 역대 왕이 모두 증봉했었고, 광서 光緒 에 이르러는

---

249   崔序芝 謝章平, 앞의 논문 33쪽 참조.

관우가 공식적으로 받은 봉호가 무려 26자 [250]에 이를 정도로 그 지위는 절정에 이르게 된다.

통치계층에서 추존한 절정의 지위만큼이나 민간에서도 그 숭배의 분위기는 절정에 이르게 된다. 청대에는 각지에 관우 사당이 없는 곳이 없을 정도의 수준에 이르렀으며 그 참배자들도 대단히 많았다. 그리하여 관우 사당은 일반군중들이 설이나 명절을 지낼 때는 공공오락의 장소로, 평소에는 휴식을 취하는 장소로, 심지어 관우 사당 부근에 시장이 형성되기도 하였다. 통치자계층의 추존과 여러 종교유파의 봉양, 각종 관우를 표현대상으로 하는 예술 즉, 희극,《평화》등의 민간문예의 보급에 따라 관우 형상은 이미 역사에서 현실생활 속으로 들어왔고, 영웅에서 신으로 변하였으며, 신단에서 백성들의 가정으로 들어가 민간인들의 생활신앙과 도덕정신에 영향을 미치게 되었다. 관우의 초상화는 심지어 악마를 내쫓고 재앙을 없애는 신령으로 간주되어 가정의 내실에까지 모셔지게 된다. 게다가 관우초상은 집의 정문에도 붙여져 아예 온 집안을 수호하며 함께 살아가게 된다. 그것도 부족하여 사람들은 인근의 관제묘에 가서 향을 피우고 절을 하며 복을 내려주고 재앙을 없애달라고 빌기도 하였다. 이와 같이 청대에 이르면 관우는 중국인들에 의해 공자를 비롯한 역사 속 어떤 인물도 누리지 못했던 최고의 위치로 떠받들어지게 된다. 실로 엄청나게 특이한 현상이라 하지 않을 수 없

---

250   '忠義神武靈佑仁勇威顯護國保民精誠綏靖翊贊宣德關成大帝'

다. 이런 까닭에 청대는 관우 숭배 분위기가 최고조에 달한 관우문화현상의 절정기라 할 수 있겠다.

관우 형상의 다양성을 지닌 독특한 성격은 다양한 성격과 취향을 가진 중국인들의 민족적 정서에 딱 맞아떨어져 그들의 욕구를 만족시킬 수 있었던 것이다. 즉, 항상 새로운 것을 원하는 호기심 많은 중국인들의 일반적 심리에 맞아떨어졌던 것이었다. 관우 형상의 성격은 뚜렷하고 독특하며 표현 형태 또한 개성있게 묘사되어져 있어 작품 속의 기타 전형 인물들과 비교해 봐도 비교적 선명하게 알 수 있다. 이렇기 때문에 관우 형상은 누구나에게 감동을 주는 예술적 감응력과 매력을 갖추게 되었던 것이다. 이처럼 구체적이고 개성적인 관우 형상은 보다 쉽게 모든 중국인들의 마음속에 신과 같은 특별한 존재로 자리잡을 수 있었다. 바로 이런 점이 관우문화현상 형성의 주요한 한 예술상의 내재적 요인인 것이다.

사회문화적 배경

관우 형상은 그 속에 내포되어 있는 민족정신, 민족성격으로 말미암아 충의, 무용, 지혜, 의연함 등으로 규범지어져 하층 민간인들의 가치 관념과 인생 이상을 대변하게 되고, 동시에 통치계층의 바람을 반영하였다. 그래서 관우 형상은 고도의 전형성과 예술적 특성으로 인해 탄생되자마자 모든 사회의 환영과 찬사, 숭상을 받아 최고의 예우를 받기에 이르게 된다. 특별한 매력을 지닌 관우 형상은 이후 관우문화현상이 형성되고 발전해 나감에 있어 큰 요인으로 작용하여 광범위한 대중적 지지를 받아 튼튼한 사회적 기반을 구축하게 되는 것이다. 즉, 관우 같은 역사 속 인물이 여러 가지 요인에 의해 시대와 신분계층을 뛰어넘는 이상적 예술전형으로 창조되어 자연스레 세상의 사회문화 속에서 결국 모든 이들로부터 숭배되어지며 신격화되어져 갔던 것이다. 이런 생활 속의 영웅, 예술의 전형적인 인물이 이전 어느 누구도 누리지 못했던 사회적 지위를 갖추며 그 영향력을 발휘하게 되자, 새로운 시대 새로운 계층이 등장할 때마다 모방하고 우상으로 떠받드는 무리가 점점 더 생겨나게 되었다. 관우는 중국 고대 문학사에 뛰어난 예술의 한 전형일 뿐만 아니라, 동시에 중국 전통 사회 속에서 찬란하게 빛나는 하나의 별이 되었던 것이다. 이에 통치계층에서는 정치적 목적에 따라 민간인들로 하여금 그를 추앙하게 만들어 하나의 사회문화적 현상으로 이끌어 갔던 것이다.

각 민족의 사상문화에는 모두 그 민족의 공통성이 있다. 이런 민족 공통성은 그 민족 역사와 그 사회 및 사상과 문화에 근본을 두고 있는 것이다. 이처럼 온 민족이 통치계층에서부터 민간인계층에 이르기까지 의식적이던 아니었든 간에 모두가 영향을 받아버린 관우 형상은 하나의 민족적 사회문화현상으로 발전되어지게 된다. 결국에는 오히려 이것이 정신적 영역으로 스며들어 그 민족 사회 사상의 핵심적 주류가 되어버린 것이다. 이리하여 사회문화현상으로서의 관우문화현상은 강렬한 응집력과 감화력을 지니게 된다.

관우 같은 민족적 특징을 갖춘 예술적 전형 인물은 탄생되자마자 통치자들의 주목과 추앙 및 찬양을 받아 그 사회에 영향을 미치게 되고 동시에 그 모든 분위기가 온 사회문화에 스며 들어가 생활의 일부로 자리잡게 된다. 나아가 통치자계층에서 대대적으로 추존하고 종교적 차원에서까지 신격화되어지자 온 사회가 함께 숭배하게 된 것이다. 그리하여 민간인들은 삶 속에서 자연스레 관우를 숭배하게 되고, 심지어 관우정신을 자녀의 가정교육에까지 활용하였다. 관우 형상이 내포하는 민족성과 다양성 때문에 각 계급, 계층, 집단 및 개인 모두는 그를 인정하고 그의 가치를 높이 평가하고 숭상하는 마음을 지니게 되어 온 사회가 하나의 큰 물결을 형성하게 된 것이다. 전통사회 속의 이러한 사회문화적 분위기가 관우문화현상을 형성하게 만든 또 다른 중요한 배경이자 요인이었던 것이다.

관우문화현상의 의의

이상에서 살펴 본 요인들에 의해 형성되어져 계층과 종교, 지역을 뛰어넘어 오늘날 전 국민적 문화현상이 되어버린 관우문화가 중국 사회와 문화적 측면에서 어떤 의의를 지니는 지를 살펴보겠다.

통치

먼저 통치계층에서 지니는 관우문화현상의 의의를 살펴보겠다. 관우 숭배 문화는 안정을 지향하는 중국민족의 특성에 바탕한 중국전통문화의 산물로써 중국민족의 전통적 생활 배경인 농경문화[251]의 정적인 환경에서 비롯된 것이다. 이는 안정적 생산수단으로써 기반이 되고 있는 농경문화가 그 바탕이라 하겠다. 농경문화에 익숙한 민족들은 생존공간에 대한 불안으로 인해 끊임없이 다른 지역으로 이동하는 유목·해양민족들과는 달리 정착한 공간에 안주하며 세상의 순리에 적응하며 자기의 처지에 만족하는 민족적 성격을 지니고 있다. 이런 민족성을 지닌 농경민족은 외부 영역으로의 진출이나 확장을 통한 새로운 세상을 확보하기 보다는 어떻게 영역 내의 민족 간의 문제를 해결하고 생존보장을 위해 영역 내의 자원을 잘 분배하여 함께 잘 살아갈 것인가를 더 고민한다. 그러다보니 그들 사이의 생존질서에 민감한 관심을 가지며 인간 간의 관계를 조정하며 아우를 수 있는 질서를 확립하여 그것을 통해 세상을 관리하고자 한다.

이런 정적인 환경과 질서 속에서 살아온 중국인들에게 있어 종교라는 의미와 사회생활 속에서 종교가 차지하는 위치는 서양이나 다른 민족 사회에서처럼 두드러지지 않았고 종교적 정서나 욕구 또한 그렇게 강렬하지 않았다. 그러기에 중국에는 많은 신들이 있었음에도 불구하고 온 세상 백성을 통괄할 수 있는 주요한 신이 없었던 것이다.[252] 하지만 이들의 마음 한쪽에는 이런 자신들의 강하진

---

251 張岱年 方克立 主編,《中國文化槪論》(北京: 北京師範大學出版社, 2010), 第2章 참조.
252 孟祥榮, 〈論關公崇拜的文化價值〉,《三國演義學刊》(荊州市三國演義硏究會, 2001年 第1期, 20쪽.

않지만 채워지지 않고 있던 종교적 갈증을 채워줄 신이 필요했다.

물론 중국에도 유교와 도교와 외부에서 전래되어 온 불교가 나름 사회와 사람의 마음을 이끌어 가는 부분이 있었다. 하지만 사람들의 모든 정신적 영역을 아우르며 다 수용할 수는 없었다. 대표적인 예로 유가는 표면적으로는 통치이념으로 자리하며 통치수단으로 실행되었지만 유가의 학술을 뛰어넘는 또 다른 의식의 범주가 존재하였기에 결국 유가만의 독존이 아니라 도교, 불교와 함께할 수밖에 없었던 것이 중국의 전통사상 문화이다. 이러다보니 중국인들은 숭배할 절대적 우상을 찾아 그것에 대한 갈증을 해결하고자 하였다. 그것이 바로 관우신 숭배이다.

관우가 갈증에 대한 해결책이자 우상의 답안으로 제시된 이유는 무엇일까? 앞서 살펴본 관우 숭배의 근원적 요인처럼 관우는 우선 훌륭한 자질을 지니고 있었다. 관우는 먼저 용맹으로 인해 사람들에게 떠받들어져 왔지만, 그의 품행이 유가사상의 통치이념에 위배되지 않았기에 탄압되지 않고 지속될 수 있었던 것이다. 유가문화는 비록 덕을 숭상하고 무력을 중시하지는 않았지만 관우의 무용은 덕망을 겸비한 것이기에 오히려 한걸음 더 나아가 끊임없는 추존을 받게 되었던 것이다. 이는 통치이념을 뛰어넘는 또 다른 상위의 개념이었던 것이다.

결국 중국 전통사회는 모든 계층과 요인을 아우를 수 있는 이념적 공감대가 필요했다. 특히 통치차원에서 상부 사대부계층은 물론이고 하부 민간인계층까지도 공감할 수 있는 보다 넓은 개념의 이념이 필요했다. 사대부들의 유가도덕적 기준에 민간인들의 사랑을 한 몸에 받고 있던 인물이었던 관우는 유가도덕을 실천한 인물이어서 두 계층을 아우르기에 꼭 들어맞는 것이었다. 그래서 통치계층에서 먼저 그를 추존하기 시작하여 두 계층이 다 추앙하도록 유도해 나간 것이다. 이런 생각이 실제로 송대 사회에서 큰 효과를 거두자 계속적인 통치차원의 추존이 역대로 계속 이어져 심지어 무려 26자의 봉호를 받는 전무후무한 실존인물 출신의 신이 탄생하게 된 것이다.

통치계층이 국가적 차원에서 의도적으로 추존하며 작위를 내린 과정을 살펴보면,[253] 관우는 실제로 조조로부터 한수정후漢壽亭侯라는 작위를 받았다. 죽은 후 촉한의 후주 유선劉禪으로부터 장무후壯繆候라는 지위를 받은 이래로 통치계층의 역사 속에서 사라졌던 관우가 송대부터 다시 나타나 본격적인 추존이 시작된다. 휘종徽宗 숭녕 원년서기 1102년에 충혜공忠惠公의 시호를 내린 후, 이어 숭녕진군崇寧眞君, 소열무안왕昭烈武安王, 의용무안왕義勇武安王으로 추존되어진다. 남송의 황제에 의해서도 왕으로 계속 봉해졌으며,[254] 원元나라 문종文宗 때에 남송의 시호에서 장무壯繆를 현령顯靈으로 바꾸어 현령의용무안영제왕顯靈義勇武安英濟王이라 봉하였다. 명明대 신종神宗 만력萬曆 22년서기 1594년에는 드디어 왕을 뛰어넘어 제의 시호를 받아 협천호국충의제協天護國忠義帝에 봉해진다.

---

253 馬書田 馬書俠 著,《全像關公》(南昌: 江西美術出版社, 2008), 72-78쪽, 남덕현, 〈關羽 神格化의 요인 고찰〉, 앞의 논문, 46-48쪽 참조.

254 南宋 고종 建炎 3년(1129)에 壯繆義勇武安王으로, 孝宗 淳熙 14년(1187)에 다시 壯繆義勇武安英濟王으로 봉해진다.

청淸 대에는 역대 왕들이 거의 모두 증봉했었고[255] 덕종德宗 광서光緖 오년1879 에는 '충의신무영우인용위현호국보민정성수정익찬선덕관성대제忠義神武靈佑仁勇威顯護國保民精誠綏靖翊贊宣德關成大帝'라는 26자의 봉호를 증봉하며 관우를 극도로 추존하게 된다.

이는 모두 통치자의 통치 철학에 의한 것이라기보다는 통치계층의 통치이념에서 벗어난 일종의 타협적 태도에서 비롯된 것이라고 할 수 있다. 이러한 관우 숭배는 특히 주변 민족의 위협 속에서 항상 자유롭지 못했던 송대에 있어서는 민족적 정신 고양을 통한 국가적 차원의 정신적인 집중감과 일체감을 도출하기 위해 도입한 정치이념적 의의를 지녔던 것이다. 그러므로 관우 숭배는 기본적으로 통치계층의 지도이념인 유가문화를 핵심으로 하는 것이며 통치이념인 정통유가에 대한 일종의 강력한 보완이기도 한 것이다. 결국 이런 통치계층의 통치적 차원의 필요에 의한 관우 숭배는 통치구조와 철학을 뛰어넘는 초이념적 역할을 하게 된다. 이는 사회주의 체제가 국가의 근간인 오늘날 중국에서까지 관우 숭배가 이어지고 있음에서도 잘 알 수 있다.

---

255 청대 26자의 봉호를 받는 과정을 보면, 세조 順治 원년(1644) 忠義神武關聖大帝로, 乾隆 33년(1768)에는 忠義神武靈佑關聖大帝로 봉해지고, 嘉慶 19년(1814)에는 '神勇' 두 자를 더하였고, 咸豊 2년(1852)에 '護國'을 보태고, 다음 해에는 '保民'을, 6년(1856)에는 '精誠'을, 7년(1857)에는 다시 '綏靖'을 더하였다. 穆宗 同治 9년(1870)에 '翊贊'을, 德宗 光緒 5년(1879)에는 '宣德'을 덧붙여 26자가 된다.

민간

　중국 사회에서 관우가 지닌 이미지는 용감무쌍한 용맹을 지녔을 뿐만 아니라 유가 도덕적 소양을 갖춘 내재적 인격과 인품을 지녔기에 민간인들에게 꿈과 희망을 주는 정신적 지주가 되기에 충분한 요인을 지니고 있었다.

　이런 그의 훌륭한 자질은 먼저 민간인들의 수준과 정서에 적합했던 민간기예를 통해 감성적으로 전달되었다. 저자거리의 무대에서 민간인들에게 동작을 통해 기예의 방식으로 전달되어지다 당 · 송대 사회의 경제적 변화 발전에 따라 상공인등을 중심으로 형성되어진 시민계층의 기호에 부합하는 민간문예의 영역으로 들어가게 된다.

　특히 송대는 경제적으로 번영하여 부를 소유한 상공인들과 몰락한 사대부들이 도시라는 영역에서 만나 시민계층을 형성하였다. 북쪽 이민족과 대치중이었던 송대 상황은 항상 북쪽을 경계하여야만 하였고, 잦았던 북방민족과의 전쟁에 북방 지역 전쟁물자 공급을 위한 장강 이남과 이북간 물자교류는 물류이동을 활발히 할 수밖에 없었다. 이 과정에 상공인의 역할과 활동이 늘어나게 되어 결국 상공인계층의 증가가 두드러지게 된다. 게다가 북쪽을 통한 전통적인 해외교류의 경로가 북방민족들에 의해 폐쇄되자 송나라는 북방 및 중앙아시아 쪽과의 국제교류가 단절되는 대신 항주 등 해안 항구를 통한 해외 교역망을 구축하게 된다. 이에 따라 보다 큰 규모의 항구도시가 출현하게 되고 무역량 및 무역수준이 몰라보게 증가된다. 또한 잦은 전쟁 수행을 위해 군사도시가 조성되어지고 군사도시의 특성상 필요했던 상공인층이 등장하여 시민계층 구성원의 일원이 되어 그 층을 넓혀주었다.

　이런 과정에서 중국의 민간인들은 북쪽 소수민족들이 세운 서하西夏, 요遼, 금金 등과 대치하고 지배받고 교류하는 과정에 도교·불교 이외 이들 유목민족들의 다신종교를 접하는 등 정신적 면에서 많은 혼란을 겪게 된다. 이런 상황에서 관우 숭배는 금, 원 정부에서도 이어졌기에 중국 민간에서는 더 관우를 정신적 지주로 받아들이게 된다.[256]

256　劉海燕 著, 앞의 책, 49-53쪽 참조.

관우 관련 전설

관우가 죽은 이후 형주荊州 지역을 중심으로 관우가 현성顯
聖 하는 전설이 생겨나기 시작했다. 이런 민간 종교적 색채의 전설
은 민간에서 널리 퍼지며 관우에 대한 신비감과 영험성을 강화시켜
줘 관우를 신격화하는데 직접적인 영향을 미치게 된다. 그의 출생
에 관한 여러 전설은 관우가 옥황상제의 명을 어겨 인간세상으로
인간이 되어 환생한 것으로 묘사되어져 있어 마치 개국신화와 같은
신비감을 준다.[257] 이렇게 세상에 온 관우는 무신武神 이 되어 나라
를 보호하는 수호신도 되고, 백성들의 재앙을 막아주는 민생의 신
도 되고, 세상의 권선징악을 이끌어 간다는 등의 많은 전설들이 있
다.[258] 이러한 민간전설은 오랜 시간을 거치면서 중국인들의 가슴속

---

257 史簡 編著,《三國人物外傳》(北京: 中國民間文藝出版社, 1989), 117-124쪽. 남덕현,《三國演
義》의 구성과 민간전설,《中國研究》제34권,(서울: 한국외대 중국연구소, 2004. 12), 47-48
쪽 참조.

에 관우를 진정한 신으로 자리잡게 하여 관우 숭배에 영향을 미치게 된다.

민간에서 유행되어진 관우와 관련된 전설은 끊임없이 관우를 신격화시켜 나갔다. 삼국관련 이야기가 세상에 유행하면서 민간에서는 관우가 현성顯聖하는 전설이 나타나기 시작하였다. 이런 민간 종교적 색채의 전설은 민간인들의 입을 통해 전해져 그 영험성을 더욱 강화시켜 관우를 신격화하는데 직접적인 작용을 하게 된다.

출생에 관한 전설

중국에서 관우가 신으로서 차지하고 있는 위치는 먼저 그의 출생과 관련된 전설을 살펴보면 가히 그 추존도가 어느 정도인지 가늠할 수 있다. 관우의 출생에 관한 세 가지 전설을 살펴보면 다음과 같다. 첫째, 관우의 전신이 붉은 얼굴을 한 남해용왕南海龍王이라는 전설이다. 둘째, 관우의 전신이 노수용露水龍이라는 전설이다. 셋째, 관우의 전신이 불의 용이라는 전설이다.[259] 이 세 가지 전설은 내용엔 다소 차이가 있으나 모두 관우를 옥황상제의 신하로 묘사한다. 관우의 전신들은 백성들을 사랑하는 마음 때문에 옥황상제의 명을

---

258   《關公傳說》(馬昌儀 編選, 中國社會出版社, 2008. 3)에는 73종의 전설이 소개되어 있다.
259   史簡 編著,《三國人物外傳》(北京: 中國民間文藝出版社, 1989.12), 117-124쪽 참조.

거스르다가 인간세상으로 쫓겨나 인간으로 환생한다는 공통점이 있다.[260] 이런 관우의 출생과 관련된 전설은 개국신화의 영웅 전설과 매우 흡사한 것으로 관우는 본시 그 출신이 특별하다는 것을 강조하고 있는 것이다.

나라를 보호하는 수호신 전설

관우는 삼국시대 최고의 무장이었다. 그러다보니 그의 무장으로서의 능력은 역시 전설 속에 반영되어 그의 신격화에 일조를 하게 된다. 그는 전설 속에서 '무신武神'이 되어 나라를 보호해주는 수호신의 모습으로 나타나, 외부의 침략이나 변고가 발생했을 때 현성하여 병사들을 도와주고 침략자와 역도들을 꾸짖어 쫓아내어 화를 피하게 한다는 것이다.[261] 이러한 전설은 민간인들의 마음속에서 관우가 나라와 세상을 평화롭게 지켜주는 제왕보다도 더 높은 신으로 자리잡게 하는 데 주요한 역할을 하게 되는 것이다. 민국民國 시기에 들어와서도 이러한 전설은 끊임없이 있었는데 대표적으로 항일전쟁 때에 관우가 현성하여 일본군을 물리쳤다는 이야기가 그것

260   남덕현,《三國演義》의 구성과 민간전설〉,《中國硏究》제 34권, 47-48쪽 참조.

261   淸 崔應榴 周廣業《關帝事績徵信編》; "明太祖洪武二十七年, 太祖嘗夜夢關公, 關公謂之曰.. 鄱陽之戰, 曾以陰兵十萬相助, 故太祖覺而爲之建廟." (洪淑苓, 〈關公顯聖傳說及其信仰〉,《歷史月刊》, 1995년 12월, 72쪽 참조), 盧湛編 王玉樹《關帝大傳》: "淸仁宗嘉慶十八年, 林淸叛亂, 亂軍將闖入禁門, 幸賴關公顯聖嚇阻, 逆黨才束手就擒, 仁宗因此加封關帝〈仁勇〉二字." (박신영, 앞의 논문, 94쪽 참조)

이다.[262]

재앙을 막아 민생을 보살펴 주는 전설

이 전설은 송나라 진종 때, 관우가 현신하여 요괴 치우蚩尤와 크게 싸워 고향땅 해주解州 염지鹽地의 가뭄을 해결해 주었다는 전설이다.[263] 송대에는 도교가 성행하여 관우 신앙이 도교와 결합하고 있었음을 알 수 있다.

이런 전설은 민간인들에게 관우의 능력을 한층 더 확대시켜 후세에는 아예 그에게 농경문화의 민생에 절대적으로 중요한 비와 가뭄을 다스릴 수 있는 능력을 지닌 신으로 인식하게 하였다. 가뭄이 들면 그에게 기도하여 해결해 주기를 원하였던 것이다.《징신편徵信編》권 14에 이세방李歲芳과 장광조蔣光祖의 기록을 인용하여 관우에게 비를 기원하는 예를 지내고 또한 그 영험함을 경험했다는 사실이 언급되어 있다.[264] 자연적 재앙에 한없이 무력했던 농경문화 시절에 이런 신의 존재는 농민들에게 엄청난 심정적 안정을 줄 수

---

262   박신영, 앞의 논문, 95쪽 참조

263   元 胡琦《關王事跡》: "宋眞宗大中祥符七年, 蚩尤作祟, 解州鹽池水減. 眞宗召張天師赴闕, 張天師焚書符召關神, 關神現身受命. 不久, 鹽池風雨暴至, 空中有金戈鐵馬之聲. 良久, 天色方晴, 池水如故. 關神已降服蚩尤, 爲解州鹽池解決旱象." (李福淸,《關公傳說與三國演義》, 臺北 : 雲龍出版社, 1999, 58쪽)

264   洪淑苓, 앞의 책, 73쪽

있었을 것이다. 그러다보니 농민들 사이에는 관우가 그들의 민생을 보살펴 주는 점점 더 능력 있는 신으로 각인되어 갔던 것이다.

과거시험에 영향을 미친다는 전설

관우는 삼국시대 최고의 무장이었다. 그는 비록 무장이지만 항상 《좌전左傳 》을 가까이 했기에 민간에서는 관우가 문무를 겸비한 장수로 인식되어 있었다. 관우가 과거의 합격에 영향을 미친다는 전설은 명대 중엽 이후에 많이 등장하는데, 《관제사적징신편關帝事績徵信編 》과 《관제대전》, 《징신편》 등에서 명·청 선비들이 이러한 체험을 했다는 이야기가 많이 보인다. 예를 들어 관우의 가르침을 얻어 합격했다든지, 꿈에서 관우가 제시한 문제가 나왔다는 내용이다. 즉, 관우의 신격神格 은 무장으로서의 일을 주관하는 것 이외에도 학문의 영역까지도 관장하는 식견도 지니고 있다는 것이다.[265]

이러한 전설은 지식인들 사이에서 관우 신의 위치를 짐작하게 해주고 있다. 과거시험에 대한 부담감이 엄청났던 고시생들에게 관우 신의 힘을 빌려서, 그 부담을 해결해야겠다는 생각은 정녕 관우가 문창을 관장하는 전능한 신이었음을 알 수 있게 한다. 그들은 관우 현성의 전설을 빌려 과거에 대한 심리적인 부담감을 안정시켰던

---

265   "明世宗嘉靖年間, 張春讀書某禪寺, 寺內有關帝像, 張春虔誠敬事, 且爲像剔去耳中蜂窠. 是夜起, 卽夢關帝授以《春秋》奧義, 張春結記成冊, 由此連中三元, 入選翰林." (洪淑苓, 앞의 책, 73쪽)

것이다. 이는 관우에게 도움을 청해서라도 과거에 합격하고자 하는 갈망이 있었던 것임을 말해 준다. 이는 관우 현성전설이 일반 민간인들은 물론이고 지식인계층에도 깊이 자리잡고 있었다는 것을 알 수 있는 중요한 사례라 하겠다.

세상사의 권선징악을 이끈다는 전설

이 전설은 관우를 잘 공경하고 모시면 좋은 보답을 받지만, 그렇지 않으면 나쁜 결과를 낳는다는 전설이다.[266] 관우 신을 따르면 부모에게 효도하고 형제에게 공손하며, 나라에 충성하는 훌륭한 사람이 되게 된다는 것이다. 이런 전설은 '구하면 반드시 들어준다有求必應'의 형태로 발전하였고 관우의 신으로서의 능력은 이것으로 인해 더욱 무한히 확장되어, 재물을 빈다든지, 병을 치료한다든지 등의 모든 것에 효력이 있다고 믿게 되었다.[267] 바로 민간인들의 생활 속에서 그들과 함께하는 관우 신은 권선징악을 통해 그야말로 세상을 평안하게 해주는 생활 속의 신으로 자리잡아 갔던 것이다.

이외에도 관우와 관련된 많은 전설이 있다.[268] 이런 전설들은

---

266 淸 崔應榴 周廣業 《關帝事續徵信編》 "明世宗嘉靖二十八年, 厲汝進以直言忤時宰嚴崇, 被謫滇南, 其妻畫見關神, 謂當照拂汝進, 後果平安得釋." (洪淑苓, 앞의 책, 73쪽)
267 박신영, 앞의 책, 97-99쪽 참조
268 《關公傳說》(劉魁立 張旭 主編, 中國社會出版社, 2003年 3月)에는 73종의 전설이 소개되어 있다.

신에 대한 경외스러움과 신령스러움을 초월하여 관우라는 존재를 민간인들의 생활 속에서 함께하도록 해주었다. 즉, 그들을 보호하고 세상을 바르게 인도하며 현실적 어려움을 겪을 때 그것을 해결해 주는 생활 속의 전지전능한 만능신으로 마음속에 자리잡게 해 주었던 것이다.

이와 같이 민간전설은 오랜 시간을 거치면서 관우 신격화에 영향을 미쳐 관우를 자연스레 민간인들의 가슴속 진정한 신으로 자리잡게 하는데 결정적 역할을 하였던 것이다.

去去無復言　悄悠無陳迹

汎酒蓉天君

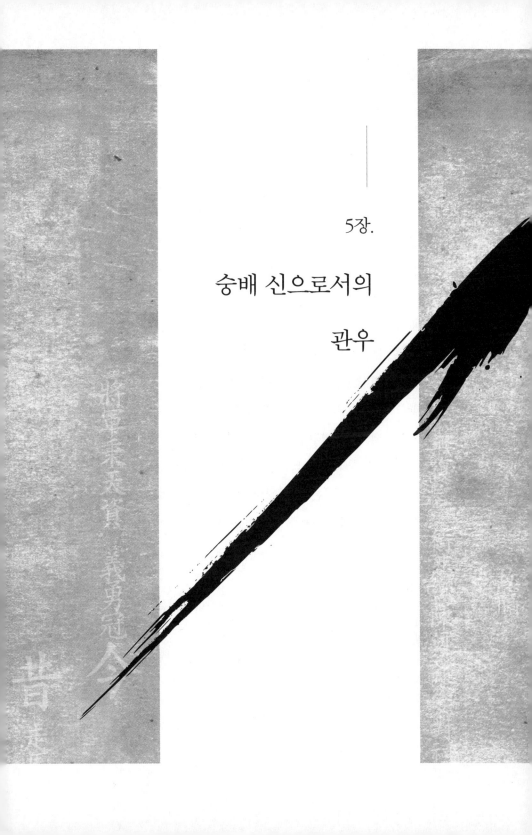

5장.

숭배 신으로서의

관우

관우는 죽은 이후 어느 순간 중국 민간 사회에서 서서히 신격화되어져 갔다. 여기에는 여러 가지 요인이 있었으며 이 점에 대한 고찰 또한 오늘날 관우문화의 영향으로 인해 다양하게 진행되어 왔다.[269] 그렇지만 이런 고찰은 대체로《삼국연의》의 영향으로 인해 문학적 각도에서 관우 신격화를 조명하고자 한 것이기에 관우문화 속에서 숭배되어지고 있는 관우의 본질에 대한 근원적 이해가 다소 부족하다는 한계를 지니고 있다. 단순한 신격화의 수준을 뛰어넘어 숭배현상으로 발전되어진 상황에 대해 인식을 하고 새로이 그 근본적인 원인을 살펴볼 필요가 있는 것이다. 관우가 민간에서부터 신격화되기 시작되어 전 중국 사회에서 우상으로 숭배되어지게 된 데에는 문학작품《삼국연의》의 영향은 물론이고 사회문화적 측면에서 볼 때 또 다른 여러 가지 요인들이 있었다. 엄청난 영향을 미친 문학적인 면의 관우 형상성은 물론이고 여러 가지 관우

269 * 부산대학교 중어중문학과 부교수
박신영,《《三國演義》의 關羽 형상화가 그 神格化에 끼친 영향》, (부산대 석사논문, 2004), 남덕현〈關羽 神格化의 요인 고찰〉,《中國硏究》제46권, (서울: 한국외대 중국연구소, 2009. 7) 등 참조.

270 胡小偉,《關公崇拜溯源》(太原: 北岳文藝出版社, 2009. 8). 남덕현〈關羽 숭배의 근원〉,《中國硏究》제52권, (서울: 한국외대 중국연구소, 2011. 7), 남덕현 앞의 논문 등을 참조하여 재정리하였다.

숭배의 요인을 그 내재적 원인이라 할 수 있는 근원적 요인과 외연적 원인이라 할 수 있는 현상적 요인으로 나누어 간단히 정리해 보도록 하겠다.[270]

관우 숭배의 요인

내적 요소

　관우 숭배의 근원적 요인의 내적 요소로써 관우라는 인물 그 자체를 들 수 있겠고 외적 요소로써 형주荊州라고 하는 지역적 기반을 들 수 있겠다.

　먼저 관우 숭배의 근원적 요인 중 가장 큰 내적 요소는 무엇보다도 관우라는 역사상 실재했던 인물이 지닌 품성과 중국 전통 사회문화 속에서 훌륭하게 창조되어진 관우라는 인물의 형상성이라고 하겠다.[271] 중국 사회 속에서 숭배되어지고 있는 관우 형상의 특성으로 충忠, 의義, 문文, 무武, 지智, 덕德, 분分 등을 들 수 있다.

---

[271]　于朝貴,《三國演義探論》(重慶: 西南師範大學出版社, 2011. 1), 3-16쪽 참조.

충의를 실천한 인물

관우는 수천 년 동안 전통 중국 사회를 이끌어 온 공자의 유가 도덕사상에 바탕하여《춘추春秋》를 늘 곁에 두고서 의식적으로 유가의 도덕준칙을 실천하였다.

관우가 살았던 동한 말, 그의 주군 유비는 서한 황족 중산정왕 유승劉勝의 후예로서 평생을 쇠퇴한 한나라 왕실의 중흥을 도모하였다. 관우는 이런 유비의 생각과 행동에 정통성을 부여하고 그를 믿고 따르며 주군으로 섬겼다. 당시 한나라 왕실이 기울어가는 틈을 이용하여 손권이 강동 땅을 차지하고 왕으로 칭하였던 것에 비해 유비는 신하의 예를 다해 기울어가는 왕실을 끝까지 섬기며 부흥시키고자 하였다. 이는 유가의 관점에서 보면 유비는 신하의 본분을 다해 충을 실천한 것이 되나, 손권은 신하의 도리를 어그러뜨린 대역무도한 무례한 인물이 되는 것이다. 따라서 유가의 도덕적 가치관을 지니고 있었던 관우로서는 유비는 주군으로 섬길만한 인물이었지만 손권은 가까이 하고 싶지 않은 혐오적 인물이었던 것이다. 관우는 이런 유가적 측면에서 볼 때 큰 대의명분을 지닌 유비의 생각에 전적으로 공감하며 그에게 신하의 예를 평생토록 갖추어 충을 실천하면서 살아갔던 것이다.

관우는 또한 평생토록 의를 지켰다. 이 의라는 것은 다른 사람과 더불어 공감되어져야 하는 도덕적 준칙이다. 비록 소설《삼국연의》에서 꾸며진 이야기[272]이긴 하지만 유비, 장비와 더불어 도원에

---

272 남덕현, 〈중국 삼국지문화의 성격 고찰〉,《中國學硏究》第30輯, (서울: 중국학연구회, 2004. 12), 25-37쪽 참조.

서 결의형제를 하며 관우의 가슴속에 자리잡은 그들간의 의는 평생
토록 그를 이끌어 간 또 다른 주요한 도덕적 기준이었다. 그 실제적
진실의 정도가 어떠하였던 간에 소설《삼국연의》[273]에서 조조에게
투항하면서 그만의 논리인 '삼약三約'을 내세운 것이나, 이후 줄곧
유비의 두 부인을 형수로 모시며 한순간도 예를 잃지 않았던 모습
이 그러하였고, 소설《삼국연의》[274]에서의 모습처럼 형 유비의 소재
를 알고 두 형수를 모시고서 은혜를 입었던 조조를 떠나는 장면도
모두 관우 뇌리 속에 의가 있었기 때문이라 하겠다. 결국 조조에 대
한 '배은背恩'의 개념보다 유비에 대한 의리의 개념이 관우에겐 더
원초적인 측면에서 상위의 개념이자 주된 요인이었던 것이다.

심지어 관우의 의는 죽음을 앞둔 위기의 순간에서도 주군 유비
를 배신하지 않고 충성을 다하며 다른 마음을 품지 않는 데서도 잘
알 수 있다.《삼국지三國志 · 오주전吳主傳》[275]의 기록을 보면, 관우가
북으로 위의 양양襄陽으로 출정한 틈을 타서 손권은 형주 정벌을
위해 관우의 배후를 공격한다. 먼저 여몽을 파견해서 공안을 습격
하여 장군 부사인을 붙잡는다. 여몽이 남군에 도착하자 남군 태수

---

273 羅貫中,《三國演義》(北京: 人民文學出版社, 2001) 第25回, 129-130쪽 참조.
274 《三國演義》第26回, 앞의 책, 135-137쪽 참조.
275 《三國志 · 吳主傳》: "權征羽, 先遣呂蒙襲公安, 獲將軍士仁. 蒙到南郡, 南郡太守麋芳以城降.
     蒙据江陵, 撫其老弱, 釋于禁之囚. 陸孫別取宜都, 獲秭歸, 枝江, 夷道, 還屯夷陵, 守峽口以備
     蜀. 關羽還當陽, 西保麥城. 權使誘之. 羽僞降, 立帆旗, 爲象人于城上, 因遁走, 兵皆解散, 尙十
     餘騎. 權先使朱然, 潘璋斷其路徑. 十二月, 璋司馬馬忠獲羽及其子平, 督都趙累等于漳鄉, 遂
     定荊州" 본 고에서의 삼국지 원문과 번역문은 陳壽, 裵松之 注,《三國志》,(杭州: 浙江古籍出
     版社, 1996년),《三國志》(北京: 中華書局, 1985)와 陳壽, 김원중 역,《삼국지》, (서울: 민음사,
     2010)를 참고하였다.

미방은 성을 바치고 투항해 버린다. 이어 여몽은 강릉을 차지하고, 육손은 의도를 장악하고, 자귀·지강·이도를 점령한 다음, 이릉으로 돌아와 주둔하면서, 협구를 지켜 촉의 공격에 대비한다. 이때 관우는 양양에서 급히 당양으로 돌아와 서쪽 맥성에 주둔하게 된다. 손권이 사자를 보내 관우에게 항복을 권유했다. 관우는 거짓으로 항복하는 척하다 탈출을 시도하였으나 병사들이 모두 와해되어 흩어지고 퇴로를 차단당한 채 결국 장향에서 그의 아들 관평과 함께 동오군에게 붙잡히고 만다.

사실 당시 형주를 기반으로 하여 위나라를 공격하는 관우의 위세가 중원을 진동시키자 조조는 동오와 손을 잡고 관우를 공략하게 만든 것이다. 조조군이 관우를 유인해내면 동오가 관우의 배후를 친다는 작전이 성공하여 관우를 진퇴양난의 상황으로 몰아넣었던 것이다. 게다가 미방과 부사인이 동오에 투항해 관우를 돕지 않았고, 조조군의 서황이 형주로 진격하였으며, 동오의 여몽이 회유정책으로 촉한 군사의 사기를 와해시켜 놓았기에 결국 관우는 고립무원의 절대절명의 극한 상황에 처해 있었던 것이다.

이처럼 관우는 동오의 기습을 받아 형주의 주요 지역이 적의 손에 넘어가 극도로 불리한 상황에도 형주로 돌아와 초라한 맥성을 보루로 삼아 마지막 결전을 벌이게 된다. 사면초가의 상태에 몰려 있는 상황에서 항복 권유를 받았지만 결코 투항하지 않았으며, 마지막 순간까지도 주군 유비에 대해 의를 저버리지 않고 죽음을 맞이하였던 것이다.

또한 이 의는 관우 인물 형상이 지닌 큰 특징이기도 하다. 왜

냐면 그는 조조에 대하여도 의리를 저버리지 않았기 때문이다. 소설《삼국연의》[276]를 보면 그 유명한 적벽대전 전투에서 패배한 조조는 화용도華容道에서 운명적으로 관우를 만나게 된다. 그러나 관우는 조조가 지난날 베풀어준 배려를 잊지 않고 그와의 의를 생각하여 그를 보내주게 된다. 물론 역사 속의 짧은 기술[277]에 바탕하여 창조되어진 이야기지만, 이러한 관우는 그야말로 의로운 인물이다 보니 당시의 적 진영에서 조차도 그의 변치 않은 의와 절개를 알고서 인정하고 두려워했던 것이다.[278] 이러다보니 이후 촉한정통론蜀漢正統論을 따르는 사람이건, 위정통론魏正統論을 따르는 사람이건 모두 관우의 의리에 대해 탄복하지 않을 수 없게 된 것이다.

용맹과 덕망을 겸비한 인물

문과 무, 덕을 두루 갖춘 완벽한 인물이라는 점이다.

오늘날 중국에서는 역사 속 삶을 살다 간 많은 인물들 중에 성인으로 존경받는 인물이 두 사람 있는데, 바로 문성文聖인 공자와 무성武聖인 관우가 바로 그들이다. 여기서 문과 무는 대칭적 개념이긴 하지만 관우를 존경하는 이유는 단지 그의 무적인 성격에만 있는 것은 아닌 듯하다. 사실 관우는 평생《춘추》를 읽는 것을 가장 좋아하여 늘 가까이 했을 뿐만 아니라 어느 문인선비 못지않게 평생

---

276   《三國演義》第50回, 앞의 책, 254-255쪽 참조.
277   陳壽,《三國志》卷1〈武帝紀〉, ; "山陽公載記曰: '公船艦爲備所燒, 引軍從華容道步歸…'"
278   〈蜀記〉: "權遣將擊羽, 獲羽及子平. 權欲活羽以敵劉,曹, 左右曰: '狼子不可養, 後必爲害, 曹公不卽除之, 自取大患. 乃議徙都. 今豈可生!' 乃斬之."

토록 공자가 선양한 유가 도덕사상을 가슴에 담고서 말과 행동을 하였으며, 사람을 대하고 일을 처리할 때에도 언제 어디서나 의식적으로 유가의 행위 준칙을 실천하였다.

중국의 역사 속에는 무용이 뛰어나 전투에 공을 세운 여러 훌륭한 장수가 있었다. 그들이 중요한 전투에서 공을 세울 수 있었던 건 모두 다 용맹과 지략을 두루 갖추었기에 그러했던 것이다. 관우 역시 전쟁터에서 무용을 발휘하는 모습에서도 단순한 용맹보다는 지략과 덕망 등을 동시에 겸비한 그런 장수였다. 이 점은 소설《삼국연의》에서 장비가 저돌적인 용맹만이 강조되어 있는 맹장으로서의 면모가 부각되어 있는 것에 비해 상대적으로 지략에 바탕한 용맹은 물론이고 심지어 덕망까지 갖춘 문무를 겸비한 훌륭한 인물로 묘사되어져 있음에서도 잘 알 수 있다.

관우가 용맹을 지닌 장수로 중국인들의 뇌리 속에 영원토록 각인되게 된 것은 바로 건안建安 5년 서기 200년 백마 지역 전투에서 조조를 도와 그를 구하고 수많은 대군 속에서 원소의 대장군 안량의 수급을 가져온 일이 그 백미라 하겠다. 건안 5년 봄에 조조가 친히 동쪽 정벌에 나서 유비를 공격하자, 유비는 원소에게로 도망가고, 다시 하비下邳를 공격하자 관우는 유비의 가솔들을 보호하기 위해 조조에게 항복하여 허도許都로 가서 조조의 휘하에 있게 된다. 이때 조조의 백마전투에 참가하게 되는데,《삼국지·관우전關羽傳》[279]

---

[279]　《三國志·關羽傳》；"紹遣大將顏良攻東郡劉延于白馬, 曹公使張遼及關羽爲先鋒擊之. 羽望良麾蓋, 策馬刺良于萬衆之中, 斬其首還, 紹諸將莫能當者, 遂解白馬圍."

에는 다음과 같이 이 사건을 싣고 있다.

원소가 대장군 안량을 파견하여 백마에서 동군 태수 유연을 공격했다. 이에 조조는 장료와 관우를 선봉으로 하여 공격했다. 관우는 안량의 깃발과 수레 덮개를 바라보다가, 말에 채찍질을 가하여 수많은 대군 속에서 있는 안량을 찌르고 그의 머리를 베어 돌아왔다. 원소의 장수 중에서 관우를 당해낼 수 있는 자가 없었으므로, 마침내 백마의 포위는 풀렸다.

수많은 대군 속에서 적의 대장군의 수급을 벤 것은 실로 엄청난 용맹이 아닐 수 없기에 중국인들의 마음속에는 역사 속 어떤 장수보다 관우가 깊게 새겨지게 된 것이다. 이 이야기는 너무나 영향력이 커서 후일 민간에서는 사실 확인도 되지 않지만 원소의 다른 대장군인 문추도 관우에게 죽임을 당했다고 믿기도 하였다.[280] 물론 이 이야기는 소설 《삼국연의》에도 허구적 내용이 확대되어져 보다 긴박하게 잘 묘사되어져 있다.[281]

이러한 관우의 지략을 겸한 용맹은 중국인들에겐 인상적일 수밖에 없다. 건안 24년 서기 219년, 7월에 유비는 한중漢中을 평정한 다음 스스로를 한중왕으로 칭하고 관우를 전장군에 봉한다. 그 직후인 8월에 관우가 형주의 군사를 거느리고 북쪽의 양양을 공격하

---

280   송·원《평화》와 희극 등의 민간문학 및 洪邁,《容齋隨筆》〈續筆〉: "關羽手殺袁紹二將顏良, 文丑于萬衆之衆." 蔡東洲 文廷海 著,《關羽崇拜硏究》(成都: 巴蜀書社 2001. 9), 46쪽 참조.
281   《三國演義》第25回, 앞의 책, 132-133쪽 참조.

여, 방덕을 참수하고 우금을 생포하여 전투를 승리로 이끌어 그 위세를 전 중국에 떨치게 된다. 이에 놀란 조조는 아예 수도를 옮겨 관우의 기세를 피하려고까지 하였다. 이에 대해 《삼국지 · 관우전》[282]에는 다음과 같이 적혀 있다.

관우는 병사들을 거느리고 번성에서 조인을 공격했다. 그러자 조조는 우금을 파견하여 조인을 원조했다. 가을이 되자, 폭우가 쏟아지면서 한수가 범람하여, 우금이 통솔하는 칠군이 모두 수몰되었다. 우금은 관우에게 항복했고, 관우는 또 장군 방덕을 참수했다. ……이렇게 되자 관우의 위세는 중국 전역에 떨쳐졌다. 조조가 허도를 옮겨 관우의 예기함을 피할 것을 상의하기에 이르렀다.

이 이야기는 소설 《삼국연의》[283]에서 용맹스러울 뿐만 아니라 지략을 잘 발휘하여 당시의 여러 가지 상황을 잘 활용하여 가장 효과적으로 큰 승리를 이룬 전투로 대단히 생동감 있게 묘사되어져 있어 중국인들의 마음속에 용맹은 물론이고 병법에 두루 능한 지략을 갖춘 장수로 영원히 기억되게 하였던 것이다. 이런 용맹에 관한 이야기는 위진 남북조 시기 무장들의 본보기가 되었고, 또한 당대 문인들의 찬사를 받기도 하였다.[284]

---

282   《三國志 · 關羽傳》; "羽率衆攻曹仁于樊. 曹公遣于禁助仁. 秋, 大霖雨, 漢水泛溢, 禁所督七軍皆沒. 禁降羽, 羽又斬將軍龐德. …… 羽威震華夏, 曹公議遷許都以避其銳."
283   《三國演義》第74回, 앞의 책, 375-376쪽 참조.

관우는 백마전투[285]와 수엄칠군水淹七軍[286]을 통해 알려진 바와 같이 뛰어난 용맹을 지녔을 뿐만 아니라 덕망과 지략까지 갖춘 인물이었다. 또한 관우는 유가사상에 조예가 상당했으며[287], 일생동안 유가의 도덕정신과 사상에 바탕하여 그 삶을 살았다. 관우는 단순한 용맹보다는 지략과 덕망을 동시에 겸비한 장수였기에 중국인들이 가장 이상적으로 생각하는 문무를 겸비한 인물의 전형이 되었던 것이다.

분수를 지킨 인물

유가의 도덕적 관점에서 보면 충분한 자기 수양이 이루어지면 세상을 위해 관직에 나아가야 하는 것이 바른 길이라 하겠다. 많은 노력을 기울여 세상에서 인정받고 요직에 오르는 이러한 일은 비록

---

284   淸 趙翼,《卄二史札記》卷七〈關張之勇〉"宋薛彤,高進之幷有勇力, 時人以比關羽,張飛. ……
      齊垣歷生, 拳勇獨出, 時人以比關羽,張飛.", 唐 郎士元,〈關羽祠送高員外還荊州〉;"將軍稟天
      姿, 義勇冠今昔. 走馬百戰場, 一劍萬人敵.", 董埏,〈重修玉泉關廟記〉;"將軍當三國之時, 負萬
      人之敵, 孟德且避其鋒, 孔明謂之絶倫, 其于殉義感恩, 死生一致, 斬良擒禁, 此其效也." 蔡東洲
      文廷海, 앞의 책, 49-50쪽 참조.

285   《三國志‧關羽傳》:"紹遣大將軍顏良攻東郡太守劉延于白馬, 曹公使張遼及羽爲先鋒擊之. 羽
      望見良麾蓋, 策馬刺良于萬衆之中, 斬其首還, 紹諸將莫能當者, 遂解白馬圍.": 陳壽 撰 裵松之
      注,《三國志》(上‧下)(長沙: 岳麓書社, 2006), 633쪽.《三國演義》第25回 참조.

286   《三國志‧關羽傳》:"二十四年, 先主爲漢中王, 拜羽爲前將軍, 假節鉞 是歲, 羽率衆攻曹仁
      於樊, 曹公遣于禁助仁. 秋, 大霖雨, 漢水汎溢, 禁所督七軍皆沒, 禁降羽, 羽又斬將軍龐德."
      陳壽 撰 裵松之 注, 앞의 책, 635쪽.《三國志‧于禁傳》:"建安二十四年, 太祖在長安, 使曹
      仁討關羽於樊, 又遣禁助仁. 秋, 大霖雨, 漢水溢, 平地水數丈, 禁等七軍皆沒. 禁與諸將登
      高望水, 無所回避, 羽乘大船就攻禁等, 禁遂降, 惟龐德不屈節而死."陳壽 撰 裵松之 注, 앞
      의 책, 361쪽.《三國演義》第74回 참조.

287   "江表傳曰 : 羽好左氏傳, 諷誦略皆上口."陳壽 撰 裵松之 注, 앞의 책, 636쪽.

힘들지만 의미있는 일로써 누구에게나 영광스런 것이다. 허나 더 힘들고 영광스런 것은 권력과 높은 지위에 오르는 것보다 영예롭게 그 자리를 지키는 것이라 하겠다.

관우는 유비에게 항상 동생으로서 신하로서 의리와 예의를 갖추며 그가 맡은 직위에 맞는 역할을 수행하였다. 유비가 세상을 전전할 때도 묵묵히 따라 그를 곁에서 지켜주었고, 가장 중요한 형주를 10년간 지키는 시절에도 높은 지위와 권력 등의 달콤함에 젖어들어 안주할 법도 하였지만 결코 작은 책임과 책무까지도 소홀히 하지 않았다. 한번도 그 지위를 뛰어넘어 다른 행동을 하지 않았다는 점을 보면 분수를 알고 그 위치를 철저히 지킨 인물이라 하겠다.

특히 조조의 휘하에서 능력을 인정받고 상대적으로 물질적 풍요가 있었음에도 불구하고 그는 항상 분을 지키며 그 이상을 위한 권력을 지향하거나 부를 추구하거나 하는 어떤 행동도 하질 않았다.《삼국지 · 관우전》[288]의 기록을 보면 조조는 관우를 사로잡아 와서, 그의 능력을 높이 평가하여 편장군에 임명하고 아주 후하게 예우를 하였다. 그러면서 항상 관우가 그를 떠날까 불안해하다 관우와 친한 장료를 시켜 관우의 의중을 떠보게 된다. 장료가 관우의 의중을 물어보자, 관우는 탄식하면서, 조조가 그를 후하게 대우해 주는 것을 잘 알고는 있으나 유비의 깊은 은혜를 입었고, 함께 죽을 것

288　《三國志 · 關羽傳》; 曹公擒羽以歸, 拜爲偏將軍, 禮之甚厚. ……曹公壯羽爲人, 而察其心神無久留之意, 謂張遼曰:"卿試情問之." 旣而遼以問羽, 羽歎曰 : "吾極知曹公待我厚, 然吾受劉將軍厚恩, 誓以共死, 不可背之. 吾終不留, 吾要當立效以報曹公乃去."

을 맹세하였기에 유비를 배신할 수 없다고 한다. 그러면서 조조 곁에 영원히 있을 수는 없으나, 반드시 공을 세워 조조에게 보답을 한 후에 떠날 것이라고 하며 분명히 정리를 한다.

이처럼 관우는 평생토록 분수를 알고 지킨 인물이기에 어떤 부귀와 공명의 유혹에도 흔들리지 않았다. 뿐만 아니라, 유비에 대한 충성과 조조의 은혜에 대한 감사의 가치관이 충돌되는 순간에도 그 위치에 맞는 분수를 잘 알았기에 슬기롭게 헤쳐나가, 유비와 조조 모두로부터 인정받는 사람이 되었던 것이다. 이런 그의 '과분 過分' 하지 않는 모습은 전통사회 속의 중국인들에게 있어서는 지위 고하를 막론하고 어느 누구에게나 매력적이지 않을 수 없는 점이었다.

관우는 이상과 같은 점들이 있었기에 전설 속 인물이 아닌 역사 속 실존인물이었음에도 종교인들이 신격화할 수 있었고, 통치계층의 이학 理學 자들 조차도 사회의 표본으로 내세워 신격화를 부추킬 수 있었던 것이다. 결국 관우라는 인물은 그 역사적 실제모습은 물론이고 창조되어진 인물 형상이 전통적 중국 사회와 문화 속에서 교육받고 살아온 중국인들에게 찬사를 받기에 충분한 점이 있었기에 이후 더욱더 믿고 따르며 숭배할 만한 충분한 가치와 의미를 지닌 인물로 나날이 바뀌어갔던 것이다.

외적 요인-형주 지역론

관우 숭배의 또 다른 큰 근본적인 원인은 바로 지역과의 연관성에서 발양되어 졌다는 것이다. 즉 관우신앙의 지역적인 발전 변화를 살펴보면, 그 원형이 형주 지역에서 발원되어져 이후 삼국지 유관지역으로 퍼져갔고, 다음으로 전국으로 확대되어 결국 전 세계로 전파되어 간 것을 알 수 있다.

즉 관우 숭배의 근원은 형주 지역과 각별한 관련성을 지니고 있다 하겠다. 이처럼 관우에 대한 신앙과 숭배는 형주의 민간신앙에서 기원하게 되는데, 이는 관우가 만년에 형주를 지켰던 일, 특히 당양에서 생을 마감한 것과 밀접한 관계가 있다. 이런 인연으로 형주 사람들은 관우와 자신의 지역이 특별한 관계를 지닌다고 생각하게 된다. 이에 관우에 대해 특별한 사랑과 의미를 부여하여 결국 관우를 섬기게 되고 나아가 민간신앙의 수준으로 승화시켜 갔던 것이다.

중국인들의 지역 사랑

그러면 왜 형주 사람들이 이토록 관우를 사랑하여 신격화 하였으며, 이어 신으로 숭배하게 되었는가를 이해해야 할 것이다. 물론 이는 다른 인물들의 연고지에서도 나타나는 현상[289]이기에 중국인들이 오랜 역사성 속에서 마음속에 새겨 지내온 자기 지역에 대한 애향심에 대한 이해가 먼저 있어야 한다. 오늘날까지도 중국인들의 이런 지극한 지역 사랑은 계속되어지고 있다. 이는 문화의 중심지라는 자부심이 관련되어지면 한 치의 양보도 없는 지역에 대한 애

---

[289] 유비와 장비의 고향인 河北省 涿州市의 三義宮에서는 그들을 오래 전부터 지역신처럼 모셔왔다고 한다. 桂郁 主編,《樓桑三義宮》(涿州 ; 涿州文化叢書, 2001) 참조.

착과 사랑으로 나타나고 있다. 이런 점은 삼국문화 관련 유적지만 살펴봐도 중국 여러 지역에서 나타나고 있음을 알 수 있다.

오늘날 중국에는 두 곳의 융중 隆中 이 존재하고 있다. 하나는 호북성 양번시 襄樊市 의 고융중 古隆中 이고, 다른 하나는 하남성 남양시 南陽市 의 와룡강 臥龍崗 이다. 융중 隆中 은 제갈량이 유비를 만나 출사하기 전 청년시절을 보낸 곳이다. 어려서 부모를 여의고 숙부 제갈현 諸葛玄 의 보살핌을 받다 17세 때 숙부가 죽자 융중으로 들어가 초가집 몇 칸 짓고 은거하며 한편으로 밭 갈고 한편으로 책을 읽으며 10년을 살았다고 한다. 다시 말해 이 융중은 유비가 제갈량을 얻기 위해 삼고초려 했다는 바로 그곳인데 호북성 양번시 양양의 남쪽 13km 지점에 위치하고 있다.

이 융중에는 제갈량이 세상을 떠나고 얼마 되지 않은 진 晉 대부터 기념적 성격의 건축물이 들어서기 시작하였으며, 그가 머물렀던 융중 시절의 흔적과 자취를 보존해 그를 기리고자 중국 정부에서는 지금 이곳에 제갈초려 諸葛草廬 삼고당 三顧堂 등의 옛 유적을 복원하여 유적지로 지정하여 관리하고 있다. 이곳의 무후사 武侯祠 에서는 오랜 옛날부터 제갈량을 모셔왔으며 지금도 참배객들이 줄을 잇고 있다. 그러나 중국에는 또 하나의 융중이 있다. 바로 하남성 남양시의 와룡강인데 이곳 사람들은 이 와룡강이 제갈량의 거처였다는 주장을 아직도 하면서 살아가고 있는 것이다.[290]

또 최근까지도 여러 곳의 적벽 赤壁 이 존재하다 겨우 정부 당국

---

290   남덕현,《삼국지문화답사기》,(서울: 미래M&B, 2001) 156쪽 참조.

에 의해 한 곳으로 정리되기도 하였다. 적벽은 적벽대전이 벌어졌다는 곳에 있는 장강 남쪽 절벽을 말하는 것이다. 적벽대전 당시 손권과 유비의 연합군은 화공을 채택하여, 강의 조조군 전투선을 불태워버리고, 이어 북쪽 강변의 오림에까지 불을 놓았다. 당시 활활 타오르던 불이 장강 남쪽 강변의 절벽을 붉게 비추었기 때문에 이 절벽을 적벽이라 부르게 되었던 것이다. 이 유명한 적벽대전의 전쟁터가 수당隋唐 이래로 내려오면서, 호북성 장강 일대에는 저마다 그곳이 적벽대전의 장소라고 주장하는 적벽이 한때는 무려 포기蒲圻, 무창武昌, 한천漢川, 한양漢陽 과 황주黃州 의 다섯 곳이나 되었다고 한다.[291]

심지어 소설《삼국연의》에서 지어진 허구에 불과한 도원결의 이야기에도 의미를 부여하여, 유비 · 관우 · 장비가 결의한 곳이라고 서로 주장하는 곳도 두 곳이나 있다. 하북성 탁주시의 삼의궁三義宮 은 뒤뜰에 도원을 조성해 놓고 이들이 결의한 곳이라 하는데, 같은 지역에 장비의 집이라고 하는 충의점忠義店 에도 도원이 있으며 결의의 장소라고 주장하고 있다. 게다가 유비와 장비를 형주 지역에서의 관우처럼 그 지역신의 수준으로 섬겨 오고 있기도 하다.[292]

---

291   중국에는 아직도 두 곳의 적벽, 즉 무적벽(武赤壁)과 문적벽(文赤壁)이 있다. 무적벽은 삼국
       최대의 격전장이었던 호북성 적벽시의 적벽이고, 다른 하나의 적벽은 송대 최대의 문호였던
       소동파(蘇東坡)가 유배시절 객과 더불어 배를 띄워 놀며 명문장 적벽부(赤壁賦)를 지었던
       호북성 황강현(黃岡縣)에 있는 적벽을 말한다. 蔡遠雄 劉衛祖 陳連生 等,《三國勝迹湖北多》
       (武漢, 湖北人民出版社, 1985), 52-53쪽 참조. 남덕현, 앞의 책, 176쪽 참조.
292   桂郁 앞의 책, 참조.

그리고 중국인들은 관우의 무덤이 세 곳이라고 까지 이야기하며 관우와 자기 지역과의 인연을 소중하게 생각하고 있다. 주지하다시피 관우가 당양에서 죽음을 당한 후 그의 시신은 당양에 묻히게 되지만, 그의 머리는 잘려져 조조에게로 보내져 낙양 땅에 묻히게 된다. 이리하여 관우의 무덤은 두 곳이 되는데,[293] 또 하나의 무덤은 관우의 고향 산서성 운성 사람들에 의하면 바로 고향땅에 관우의 영혼이 와서 묻혀 있다는 것이다. 그야말로 지나친 지역 관련성이지만 실로 중국인들의 지역적 애향심을 알 수 있는 부분이다. 지금도 관우의 고향사람들은 중국에서 가장 크고 의미 있는 두 곳의 해주관제묘解州關帝廟 와 상평관제묘常平關帝廟[294]를 이곳 운성에 지어놓고 관우의 영혼에 제사를 지내며 모시고 있다. 이러한 지역 사랑과 관심은 중국인들의 미덕이기도 하다.

관우와 형주 지역

형주 지역에서의 관우 죽음

관우가 이 형주에서 그 의로운 죽음을 맞이했다는 것이다. 적벽대전 이후 유비가 서촉西蜀 을 차지하여 삼국이 정족지세를 이루자 형주는 더 중요한 전략적 요충지가 되어버렸다. 유비도 관우에게 형주를 맡겨 지키고 있던 건안 24년[295], 관우는 북쪽의 양양襄陽 지

---

293   蔡遠雄 等, 앞의 책, 48-49쪽 참조.

294   馬書田 馬書俠 著,《全像關公》(南昌: 江西美術出版社, 2008. 1), 127-143쪽 참조.

역으로 출병하였다가 동오東吳 군대로부터 후방 기습을 당하게 된다. 관우가 돌아왔을 때, 형주는 이미 동오에 의해 점령되었고 관할 군인 공안公安 남군南郡 강릉江陵 의 장수들은 모조리 오나라에 항복한 상태였다.[296] 관우는 당양當陽 으로 후퇴하여 서쪽 맥성麥城 을 보루로 하여 고립의 상황을 버티다 필사의 탈출을 시도하였으나 동오의 군대에 의해 사로잡혀 결국 참수당하여진다. 이러한 관우의 죽음은 누구도 예상치 못했지만 관우와 형주가 각별한 인연을 맺게 된 역사적 순간이 되었다. 역사적 기록[297]에도 잘 나타나 있듯이 관우는 분명 형주 지역의 임저臨沮 관할 지역인 장향漳鄉 에서 생을 마쳤다. 이 특별한 인연이 실로 후일 관우가 민간의 신이 되는 근원적 요소가 된다.

관우는 비록 만년에 오나라 손권의 계략에 빠져서, 임저臨沮 에서 죽임을 당하기는 했지만, 그의 일생 전체를 놓고 봤을 때, 분명히 세상을 압도할 만큼 용맹했으며, 그 누구도 능가할 수 없을 만큼 충성스럽고 절개가 굳었던 인물이었다.

---

295 서기 219년.

296 《三國志 · 吳主傳》: "權征羽, 先遣呂蒙襲公安, 獲將軍士仁. 蒙到南郡, 南郡太守麋芳以城降.": 陳壽 撰 裵松之 注, 앞의 책, 752쪽.

297 《三國志 · 吳主傳》: "關羽還當陽, 西保麥城, 權使誘之. 羽僞降, 立幡旗爲象人于城上, 因遁走, 兵皆解散, 尙十餘騎. 權先使朱然 潘璋斷其徑路. 十二月, 璋司馬馬忠獲羽及其子平 督都趙累 等于漳鄉, 遂定荆州.": 陳壽 撰 裵松之 注, 앞의 책, 752-753쪽. 《三國志 · 關羽傳》: "權已据 江陵, 盡虜羽士衆妻子, 羽軍遂散. 權遣將逆擊羽, 斬羽及子平于臨沮.": 陳壽 撰 裵松之 注, 앞의 책, 635-636쪽.

관우와 형주의 관련성

관우 숭배 문화 형성에 큰 역할을 한 소설《삼국연의》를 보면 120회 중 형주와 관련성이 있는 부분이 82회나 될 정도로 형주는 삼국문화와 깊은 관계를 지니고 있다. 관우도 형주민들을 위해 형주성을 짓는 등 형주에 대한 애착이 매우 강하였으며 이전의 어떤 통치자보다도 직무에 충실하였기에 형주 사람들의 존경을 한 몸에 받기에 충분하였다. 이러다 보니 지금도 형주 지역에는 관우와 관련된 여러 유적이 남아 있다.[298] 결국 관우는 형주를 지키던 그 시기에 형주 지역의 지역민들과 '함께'라는 공감대를 심어주어 그들로부터 존경받는 정신적 지도자로 자리매김하게 되었던 것이다.

관우는 훌륭한 품성을 지닌 실존인물이었기에 형주 사람들은 이런 관우와 관계있다는 것을 매우 자랑스러워했다. 이러다 보니 지금도 형주 지역에는 크고 작은 삼국문화 유적이 남아 있는데 이 중 상당수가 관우와 관련된 여러 유적이다.

먼저 형주성荊州城은 지금도 여러 차례 보수를 거치면서 견고한 모습이 잘 보존되어 있다. 유비가 서촉 정벌에 나서 완전히 천하를 삼분하는 동안 형주는 유비의 오른팔인 관우에게 맡겨져 10년간 관리되어 지는데 이때 형주성이 지어지게 된다. 관우는 그가 형주를 통치하는 10년 동안 형주민들의 존경을 한 몸에 받을 정도로 자신의 직무에 충실하였으며 스스로도 형주에 대한 애착이 매우 강

---

298   蔡遠雄 劉衛祖 陳連生 等,《三國勝迹湖北多》(武漢, 湖北人民出版社, 1985), 남덕현,《삼국지 문화답사기》,(서울: 미래M&B, 2001), 2부 호북성, 참조.

하였다. 지금 형주시의 형주성은 기본적으로 삼국시대 관우에 의해 지어진 것이라고 한다. 이때 관우는 형주를 튼튼히 지키고 형주민의 안전을 위해 정성을 다해 형주성의 성벽을 보수하고 쌓았다고 한다. 그러니 지금 형주의 기본적 틀과 모습이 바로 관우에 의해 그려졌다고 할 수 있다. 물론 그때 쌓은 토성벽은 일찍이 자취가 사라지고 후에 다시 벽돌로 쌓게 된다. 사실 관우는 형주에서 출생한 것도 아니고 성장을 한 것도 아니다. 그럼에도 불구하고 형주 사람들의 관우에 대한 관심은 각별하다. 이러다 보니 관우를 숭배하는 분위기도 높아서 일찍부터 형주성 남문 밖에 관제묘를 세워 그를 기념하여 왔다.[299] 이 형주관제묘荊州關帝廟 역시 대표적인 관우 관련 유적이다.

또한 소설《삼국연의》를 통해 관우가 명의 화타로부터 독화살에 맞은 상처를 치료받았다는 이야기가 널리 알려져 있다. 물론 이 이야기는 화타가 치료한 것이 아니며 관우의 다친 팔도 실제는 오른쪽 팔이 아닌 왼쪽 팔이기에 사실과는 다른 허구적 부분이 들어있다. 하지만 실제로 관우는 많은 전쟁을 치르는 동안에 일찍이 독화살에 맞아 입은 상처로 인해 명의를 형주성 내 자신의 막사로 초빙해 뼈를 갉아내어 독을 치료하는 수술을 하였다고 한다. 오늘날 형주시 도심 한가운데에 위치한 형주병원을 찾아가면 병원 정원에 관우가 수술을 받고 있는 모습을 한 조각상을 볼 수가 있다. 바로 이곳이 괄골료독처刮骨療毒處 라는 그 옛날 관우가 수술 받았던 그 자

---

299 馬書田 馬書俠 著, 앞의 책, 174-175쪽 참조.

리라는 것이다. 관우가 치료받았던 행적을 기념하기 위해 병원 분위기에 어울리도록 흰색의 조각상을 세워 놓았다. 이 병원의 정원을 관우가 치료받은 곳이라며 유적지로 조성해 그를 기념하고 있는 것이다.

이 외에도 형주 시내에 행군과行軍鍋, 석마조石馬槽, 춘추각春秋閣 등의 여러 가지 유적이 남겨져 있어 관우의 숨결을 느낄 수 있다. 또한 삼국시대의 형주 지역으로 현재 호북성 형주시의 인근 지역인 양번襄樊과 당양當陽, 공안公安 등의 지역에도 많은 관우관련 유적[300]이 보존되어 있어 가히 관우와 형주와의 깊은 관련성을 짐작할 수 있게 한다.

중국인의 민간신앙과의 관련성

관우는 형주 지역의 민간신앙과도 관계가 있다. 관우 숭배 신앙은 형주의 민간신앙에서 기원하게 되는데, 이는 관우가 만년에 형주를 지켰던 일, 특히 당양에서 생을 마감한 것과 밀접한 관계가 있다. 중국 전통사회의 민간에서는 잡신 숭배 현상이 있어 그 지역에 영향을 미친 인물에 대한 숭배가 성행하였다. 관우에 대한 형주 지역의 민간신앙과 관련된 기록[301]을 살펴보면 관우는 임저에서 죽은 후 강릉 지역에서 숭배되면서 그 지역의 신이 되어 지역민들에 의

---

300   蔡遠雄 等, 앞의 책, 남덕현, 앞의 책, 2부 호북성 부분 참조.

301   《神僧傳》,《當陽縣志》,《義勇武安王墓記》,《重建玉泉山關廟記》,《重修玉泉山漢壽亭侯關公廟碑記》등, 蔡東洲 文廷海 著,《關羽崇拜研究》(成都: 巴蜀書社 2001), 53쪽 참조.

해 제사지내졌으며, 심지어 그를 모신 사당이 일찍부터 인근 옥천산에 있었음을 알 수 있다. 이에 관우가 형주 지역의 신으로 자리매김되어 지면서 관우 숭배가 시작되었고 관우와 관련된 신화 전설 또한 대부분이 형주 지역에서 유래하게 되었던 것이다.[302]

중국 고대사회의 민간신앙에서는 잡신 숭배가 성행했다. 송대 이학理學이 성행하기 이전에는 중국의 민간에서는 역사적 인물에 대해 그 지역에 영향력을 미친 인물이라면, 공과를 논하지 않고 제를 올리며 숭배를 하고 했다. 이런 전통은 아직도 이어지고 있기도 하다. 오늘날 삼국문화와 관련된 지역에서만도 쉽게 찾아볼 수 있다.

적벽대전 당시 오림烏林은 조조군의 진영이 있던 곳으로써 화공으로 불태워진 전투지였다. 조조군에게는 처참한 패배의 장소였고 유비·손권 연합군에게는 승리를 한 영광의 전쟁터였다. 이 오림은 호북성 홍호현洪湖縣 남동쪽 장강의 북쪽 강가에 위치해 있다. 이 오림에 조조를 모신 조공사曹公祠라고 하는 작은 사당이 있다. 사당 안에 위풍당당한 조조의 조각상뿐만 아니라 장합, 허저, 전욱, 장료 등 그의 주요 신하들의 조각상이 함께 있다. 문화대혁명 때에 훼손되었다가 보수된 것이라고 한다. 이곳에서 조조를 숭배하고 있는 마을 사람들은 모두가 증曾씨이며 조상 대대로 조조를 숭배해 왔으며 지금도 하루에 수 차례씩 조조에게 제를 올리고 있다고 한다. 이 오림은 지역적으로 보면 동오의 지역이다. 게다가 위나라가

---

302   熊永 編著,《荊州三國傳說》(北京: 中國文聯出版社, 2000), 46-76쪽.

대패한 치욕의 지역인데 이곳 사람들이 적벽대전 당시 조조가 이곳에 머물며 맺은 인연으로 인해 오늘날까지 그를 숭배하고 있는 것을 보면 정말 자기 지역에 대한 중국인들의 애정이 얼마나 대단한지를 잘 알 수 있다. 나아가 중국인들의 문화적 포용성을 짐작할 수 있다.

관우에 대한 민간신앙을 살펴보면 《신승전 神僧傳 》에 "강릉의 다신사 多神祠 에 사람들이 자주 가서 기도를 한다."라는 기록이 있고, 《당양현지 當陽縣志 》에도 손권이 관우 부자를 죽이고 제후의 예로 안장하여, "나라 백성들이 매년 묘제 墓祭 를 올리게 했다."라고 기록되어 있다. 명대 호광 湖廣 안찰사의 《의용무안왕묘기 義勇武安王墓記 》의 기록에 의하면, 관우가 죽은 곳에서 얼마 멀지 않은 옥천산 玉泉山 에 관우만 전문적으로 모시는 사당이 일찍부터 자리잡고 있었음을 알 수 있다. 또 당나라 동정 董挺 의 《중건옥천산관묘기 重建玉泉山關廟記 》에는, 옥천사 玉泉寺 서쪽에 관공 사당이 있다고 쓰여 있으며, 청 강희 호광 湖廣 총감 채육영 蔡毓榮 의 《중수옥천산한수정후관공묘비기 重修玉泉山漢壽亭侯關公廟碑記 》 등의 기록[303]을 보면 관우는 임저 臨沮 에서 죽은 후 강릉 江陵 지역에서 숭배되면서 그 지역의 신이 되어 지역민들에 의해 제사지내졌으며, 심지어 그를 모신 사당이 일찍부터 인근 옥천산에 있었음을 알 수 있다. 관우를 모시는 사당이 언제 지어졌는지는 정확히 알 수 없지만 수 개황 開皇 연간에 창건되어진 듯하다. 어쨌든 당 이전에 이미 이 형주 지역에 관우 사당이

---

303   蔡東洲 文廷海 著, 앞의 책, 53쪽 참조.

있어, 형주 민간인들이 관우에게 제사를 지내왔기에 관우와 관련된 신화 전설 대부분이 형주 지역에서 유래하게 된 것이다.

결국 중국인들은 전통적으로 옳고 그름을 떠나, 자신의 지역이 역사에 영향을 미친 인물의 출생지나 사망지가 되기만 하면, 그 지역 사람들은 그들을 위해 사당을 세우고 제를 올리면서 자기네 지역의 신으로 그들을 모시며 심지어 지역성을 지닌 신앙과 숭배로까지 발전시켜 나갔던 것이다. 관우에 대한 신앙과 숭배가 처음에 그가 죽임을 당했던 형주 지역에서 나타난 것도 이와 같이 형주인들의 지역에 대한 관심과 사랑에서 기인한 것이라 볼 수 있겠다.

이처럼 관우는 그가 지닌 훌륭한 품성에 의해 중국인들에 매력을 주었을 뿐만 아니라, 형주를 지키는 동안 몸소 지역민과 소통하며 지도자로서의 품격을 보여주었고, 죽음의 장소라는 등의 여타의 여러 가지 형주 지역과의 인연에 의해 결국은 형주 지역의 지역신이자 수호신이 되어 버린 것이다. 이 점이 이후 전 중국인들의 생활 속 재물신으로 발전하게 된 출발점이라 할 수 있겠다.

현상적 요인

이런 근원적 요인에 바탕하여 보다 관우 숭배를 구체화 시켜 준 표면적 현상적 요인으로 민간전설, 종교, 민간문예와 문학이 영향을 미쳤을 뿐만 아니라 국가차원의 추존과 고향 상인들의 숭배가 많은 작용을 하였다.[304]

먼저 형주荊州 지역에서 탄생되어진 관우 현성顯聖 전설에서 시작되어진 민간 종교적 색채의 전설이 관우를 신령화 해주었다. 수·당시기 관우 형상의 가장 큰 특징이 민간전설에 바탕하여 초보적 종교형태를 형성하였다는 것이다.[305] 이런 관우의 모습을 종교적 차원에서 유·불·도 삼교가 각자의 종교에 끌어들여 종교신의 수준으로 높여 놓았다. 당·송을 거치면서 불교와 도교가 신으로 추앙하였고 송대에 들어서는 유가까지 관우 숭배에 가세하였다.[306] 이어 관우 숭배는 민간 사회의 문예와 문학 속에서 대중화 보편화 되어져 가다 송宋 대에서 부터는 국가차원에서 통치적 목적에서 추존하며 숭배 분위기를 조장하여 갔다. 소설《삼국연의三國演義》를 거치면서 완벽한 인물로 창조되어진 관우 형상은 전국적 조직망을 지닌 고향 상인들의 숭배 분위기 속에 전 중국으로 전파되어져 갔다. 이러한 요인들은 이후 중국 사회 속에서 관우를 숭배하게 만든 기본적 토대가 되었다.

이처럼 여러 가지 요인에 의해 관우 숭배는 시대를 거듭하면서 가속되어져 오늘날 중국 사회 속에서 하나의 문화현상이 되어버렸다. 결국 관우 숭배는 가장 근원적인 두 가지 내적 외적요소에 표면적 현상적 여러 가지 요인이 더해져 형성되어진 것이다. 주목할 점은 문무와 덕망을 두루 갖추고서 스스로의 분수를 어기지 않으며

---

304 남덕현 〈關羽 神格化의 요인 고찰〉, 앞의 논문 참조.

305 劉海燕 著,《從民間到經典》(上海; 上海三聯書店 2004), 31쪽.

306 胡小偉, 〈三敎圓融與關羽崇拜〉,《三國演義學刊》(荊州市三國演義硏究會, 2001年 第2期), 1-10쪽. 蔡東洲 文廷海 著, 앞의 책, 89쪽.

훌륭히 자신의 의를 실천한 인물 관우는 형주 지역과의 관련성에서부터 그 우상 숭배가 형성되기 시작하였다는 것이다. 그렇다면 이토록 관우의 의가 중국인들에게 크게 받아들여졌던 이유는 무엇일까? 사회문화적 측면에서 볼 때, 동적인 해양·유목사회에서 힘이 우선시 되고 독자적 생존이 더 중요시되는 그런 모습보다, 서로 믿고 함께해야 하는 안정지향적인 정적인 농경문화가 바탕이 된 중국 사회에서는 서로를 인정하는 의라는 개념이 꼭 필요한 도덕원칙이며 각 계층 간의 조화와 균형을 이루는 권장할만한 도덕기준이었기 때문이다. 따라서 이런 도덕기준에 잘 부합하는 관우의 의는 누구나 믿고 따를 수 있는 훌륭한 본보기였기에 중국인들에게 관우는 의의 화신으로 숭배되어졌던 것이다.

관우 형상의 전형성

진실은 예술의 생명이기에 전형적 예술 형상은 반드시 진실성을 지니고 있어야 한다. 진실해야 만이 예술이 독자에게 감동을 줄 수 있기 때문이다. 관우 형상은 전형적이고 진실적이다. 관우 형상은 전쟁의 시대에 태어났기에 영웅을 필요로 하는 시대적 요구에 부응하여 영웅이 탄생되어졌던 것이다.

중국 민족의 전통의식 속의 영웅이란 민의에 따라 불의를 바로잡고 난세를 다스릴 줄 아는 정의로운 인물을 의미한다. 그들은 나라를 안정시키고 백성을 구제하며 주군을 도와 나라에 보답하려는 의지와 뛰어난 무용, 큰일을 도모하여 업적을 세울 줄 아는 지혜, 죽어도 굴하지 않는 의연함을 갖추고 있어야 했다. 관우는 바로《삼국연의》의 작가가 유가의 전통적 도덕관념을 핵심으로 하여 창조해 낸 확실한 성격특징을 갖춘 전형적 인물이었다.

충의는 유가 도덕규범의 핵심이다. 그것은 강렬한 중국 민족의 감화력과 응집력을 갖추고 있다. 충의정신은 위로는 충성으로 나라에 보답하고 아래로는 어려운 백성들을 구제하며 불의를 물리쳐 없애고 나라를 평안하게 만드는 것이다. 오랜 시간을 거치면서 소설《삼국연의》의 작가는 이러한 충의정신을 관우의 몸에다 녹여 넣어 새로운 이상적 전형을 창출해 내었다. 한말의 난세와 삼국의 분쟁을 거치면서 세상이 피폐해지자 모든 이들이 통일과 안정을 갈망하게 되었다. '충의'는 바로 국가의 통일을 실현하는 정신적 역량이면서 행위의 규범이었다. 관우 형상의 원형은 이런 시대적 바람이 반영되어 창조되어진 것이기에 관우는 어느새 충의를 실현한 예술 형상의 대표로 태어날 수 있었던 것이다.

또한 관우 형상은 유가의 사상문화가 통치 지배 이데올로기의 위치를 차지하고 있는 문화적 배경 속에서 탄생하였다. 중국의 사상문화사는 바로 공맹 孔孟 으로 대표되어지는 유가사상이 주도적 위치에서 기타 여러 사상과 함께해 온 역사를 말한다. 관우 형상은 이런 중국 민족이 지닌 특수한 문화적 분위기와 환경 속에서 태어난 것이다. 어떤 특정한 역사적 시기와 특정한 문화적 토양에서 생활하는 사람들은 필연적으로 통치계층의 주요 사상의 영향을 받게 된다. 어려서부터《춘추 春秋 》를 읽어 왔던 관우는 자연스레 유가의 사상과 문화의 영향을 받으면서 충의, 무용, 지혜, 의연함 등의 정신적 풍모를 지니게 되었던 것이다. 이 모든 것이 어우러져 관우 형상이 창출되어진 것이다.

이처럼 관우 형상은 중국을 지탱해 온 주요사상인 유가사상의 바탕 하에 중국의 통치계층과 민간인 모두에게 함께할 수 있는 충의의 전형성을 창출하였기에 이후 관우문화현상 형성의 깊은 한 요인이 되었던 것이다.

관우 형상의 민족성

관우 형상의 전형성은 동시에 민족성을 갖추고 있다. 관우 형상의 핵심인 충의는 중국 민족이 공감해 온 무용, 지혜, 의연함 등 다른 여러 가지 요소를 동시에 지니고 있다는 점이다. 이러한 성격은 유가의 전통적 문화가 일관되게 추구해 온 도덕적 기준 즉 인仁, 의義, 예禮, 지智, 신信, 충忠, 용勇 등과 완전히 일치하는 것이다. 이러한 도덕규범은 오랜 세월을 지나 여러 왕조를 거치면서도 한결같이 역대 통치자들에 의해 추앙되어지고 선양되어져 중국사상문화 영역에서 통치 지배 이데올로기가 되어 봉건왕조를 이끌어 왔다. 이런 정신과 규범은 중국 민족의 민족성격 또는 민족정신 형성의 주요 요인이 되었던 것이다.

중국 역사를 자세히 돌이켜 살펴보면, 중국 민족은 예로부터 죽음으로써 임금에게 충성하는 자, 목숨을 버리면서까지 의를 추구하는 자, 목숨을 버리면서까지 나라에 보답하는 자, 지혜로운 일을 꾀하여 공을 세우고 용맹으로 나라를 안정시키고 백성을 구제하는 자 모두가 이러한 민족정신을 지니고 있었다. 즉, 지략을 지니고 나라를 이끌었던 수많은 문인지식인과 용맹으로 나라를 지켜왔던 용맹스런 무인 장수들 모두가 이런 민족정신을 체득하고 실천하려 노력하며 그 삶을 살았던 것이다.

오랜 세월을 거치며 창출되어진 관우 형상은 바로 이 중국의 민족정신, 민족성격이 예술화되어 존재하는 형태인 것이다. 그것은 봉건시대 통치계층 및 민간인들의 가치관념과 인생 추구를 실현하였고 또한 중화민족의 정신적 지표이었기에 지위와 지역을 뛰어넘어 모든 이들에게 수용되어질 수 있었던 것이다. 이런 점이 관우문화현상 형성에 크게 영향을 미친 또 하나의 배경이자 요인인 것이다.

삼
교
사
상
의
영
향

관우 신격화 과정에서 중국의 유·불·도 삼교는 대단히 중요
한 역할을 하게 된다. 유·불·도 삼교는 그들의 교리를 전파하고
교세를 확장하는데 관우라는 존재의 활용이 매우 필요했던 상황이
었다. 그러다 보니 관우에 대한 전국민적인 숭배가 형성되는 과정
에 유·불·도 삼교는 모두 지속적으로 깊은 영향을 미치어 관우
신격화의 주요한 요인이 된다.

관우 숭배는 역사 속의 실존인물 관우의 기본적 자질이 근원이
고 이후 문학에서 창조되어진 관우 형상이 덧붙여졌지만 종교적 부
분의 작용과 요소가 없었다면 완성될 수 없었을 것이다. 관우에 대
한 믿음이 종교와 만나면서 신앙의 수준으로 도약하게 되고 결국은
현실을 뛰어넘는 신으로 모셔지게 된다.

사실 처음 관우의 죽음 이후 옥천산에 사당이 세워져 제사지내

며 모셔질 때만 해도 그저 한 지역에 영향 있는 지역신 정도에 불과
하였다. 전혀 도교나 불교의 신앙수준에 못 미치는 민간 신앙이었
을 뿐만 아니라 지역의 산신, 토지신 등의 토착신보다도 영향력이
컸던 것은 아니었다. 민간에서 관우가 차지하고 있던 지위가 겨우
이런 정도였는데 신선이 속세에 내려왔다든가, 천신이 환생한 것
이라는 등의 민간전설이 생겨나면서 관우 신격 수준이 변화하기 시
작했다. 관우 출생과 관련된 전선[307]만 보아도 알 수 있듯이 민간전
설 속에서 관우는 특별한 존재로 어느새 미화되어져 갔다. 게다가
이런 특별한 존재 관우에 대한 관심과 사랑이 민간에서 호응을 받
아 민간기예를 통해 민간문예 속으로 들어가면서 서서히 민간에서
보편적으로 인정받는 관우 우상이 탄생되어졌던 것이다.

그것은 문성 文聖 공자처럼[308] 엄격한 체계나 깊은 사상, 더구나
《춘추》,《논어 論語》와 같은 저술이나 경전도 없는 연민의 감정이어
서 지식인계층에 의해 영원히 존경받는 것은 아니었지만 나름의 그
어떤 매력이 작용해 서서히 민간사회와 민간인들에게 적응되어져
갔던 것이다. 유가나 도가의 도 道 가 아닌 관우의 도 개념이 형성되
어 생활 속에서 정신적 미덕이 되어 갔다. 이런 가치는 개인의 가치
가 되어 사회가치로 나타나게 되고 바로 일종의 도덕가치로 표현되
어 도덕윤리가 되어졌던 것이다. 결국 관우의 도는 전체 사회의 표
준이 되어 윤리도덕으로 승화되어 사회의 정신적 지표가 된다.

---

307   史簡 編著,《三國人物外傳》(北京; 中國民間文藝出版社, 1989), 117-124쪽.
308   중국에서는 孔子를 文聖으로 關羽를 武聖으로 모시고 있다.

이런 보편적 정서와 분위기가 종교인들에 의해 조장되어진다. 각자 종교의 전파를 위해 그랬던 것이다. 농경문화 민족으로서 민족성격상 내세관이 부족했던 중국인들에게 보다 효과적인 전도 방법으로, 종교적 요인으로 인한 직접적 접근과 포교는 뒤로 하고 민간인들에 거부감을 주지 않고 쉽게 다가갈 수 있는 관우를 활용하여 각 종교를 전하기 시작하였던 것이다. 이리하여 유·불·도 삼교는 서로 관우를 각자의 종교에 끌어들여 중국인들의 관우 숭배에 큰 작용을 하게 된다.

불교

관우 신격화의 불교와의 관계를 살펴보기 위해 소설《삼국연의》를 보면 관우는 불교와 상당한 인연이 있음을 짐작할 수 있다.

관우는 널리 알려진 '관우현성關羽顯聖' 이야기는 물론이고 소설《삼국연의》만 보아도 불교의 전파와 깊은 관계가 있음을 알 수 있다. 불교는 대략 동한 말엽 중국에 전래되어 귀족 지식인계층을 중심으로 포교되어졌다. 처음 불교가 들어와 전래되어질 때는 개인적 성찰을 중요시하는 교리나, 경전 자체의 문자적 난해함 등이 작용하여 민간인들 보다는 귀족 등의 통치계층에 대한 전래가 그 주된 흐름이었다. 이러다 보니 위진魏晋 대의 불교는 귀족 취향의 성격이 많았다. 이런 위·진대의 귀족적 성격의 불교가 당대에 이르러 변화를 맞이하게 된다. 당 왕조가 유가사상을 통치 지배 이데올로기로 채택하게 되자 불교를 믿던 당의 귀족 사대부들은 갈등을 하다 유가 통치 이데올로기 속으로 빠져들어 불교를 멀리하게 된다. 이처럼 당에 이르러 유가가 새로이 통치계층의 지배 이데올로기로 다시 확립이 되자 불교는 이러한 새로운 국면 속에 변화를 시도하여 민간 속으로 불교를 전파하는 불교의 대중화를 시도하게 된다. 이 불교의 대중화를 실현하기 위해 관우 신앙을 활용하여 민간인들에게 다가갔던 것이다. 인도로부터 들어온 외래종교였던 불교는 중국 민간에 전래하기에 문화적 사회적 환경의 차이와 어려운 경전이 큰 걸림돌이었다. 이를 극복하기 위해 쉽게 민간에 접근할 수 있는 어떤 매개가 필요했다. 이에 경전의 난해함을 해결하기 위해 이후 문학에 큰 영향을 미친 속강俗講 과 강창의 방식을 활용하였고 정신적 문화적 면에서 관우를 활용하였던 것이다. 즉, 불교의 대중화 과정에서 인도로부터 들어온 외래 종교 문화와 중국 토착인들과의 공유점으로서 관우를 활용하였던 것이다.

하지만 당 이전부터 관우 숭배는 불교와 깊은 관계가 있었던 것 같다. 수·당시대 가장 영향력 있는 불교문파의 창립자 천대사조天臺四祖 지의智顗 와 선종북파禪宗北派 육조六祖 신수神秀 가 민속신앙으로 당양 옥천산에서 절을 지은 이야기는 불교의 정착화를 증명한다고 볼 수 있다.

'관우현성'의 이야기는 최초 진陳, 수隋 나라 시기에 나왔고 불교 전파와 관련이 있다는 전설이 있다. 오늘날 확인할 수 있는 가장

초기의 기록은 당 덕종德宗 정원貞元 18년802년 동정董侹 의《중수
옥천관묘기重修玉泉關廟記 》이다.[309] 불교 종파에서 가장 도교적 의의
가 많은 천태종은 물론이고 관우현성 이야기는 불교 선종의 전파와
도 연관이 있다. 선종의《역대신선통감歷代神仙通鑑 》에는 "당 의봉儀
鳳 말년에 신수가 양양 옥천산에 이르러 도장을 지었다."라고 적혀
있다.[310] 이 옥천산은 관우가 죽어서 최초로 현성한 곳으로 알려진
곳이다. 이것은 불교가 관우를 빌려 전도되었다는 것이 결코 우연
한 일이 아님을 말해 주는 것이다.

당대에는 승려들의 글 속에 삼국인물과 관련된 이야기가 다
소 전해져 오는데 예를 들면 개원 년간 대각 스님의《사분율행사초
비四分律行事鈔批 》26권 등이 있다.[311]

송대에 이르러 천태 17종宗 사명四明 지례知禮 는 수 · 당 천태
종을 계승하여 천태종을 다시 중흥시켰다. 송대는 유학의 세력이
대단하였기에 지례는 유가적 해석을 조합하는 이론을 주창하여 당
시 왕과 관료사대부의 환영을 받았다. 그가 진종眞宗 으로부터 '법지
대사法智大師 '칭호를 받을 정도로 불교는 황실과의 관계를 신경썼

---

309 陈光大中 , 智顗禅师者至自天台 , 宴坐乔木之下 , 夜分忽与神遇 , 云 : "愿舍此地为僧房° 请
师出山 , 以观其用°" 指期之夕 , 万壑震动 , 风号雷虩° 前劈巨岭 , 后埋澄潭 , 良材丛仆° 周匝
其上; 轮奂之用 , 则无乏焉°

310 (唐仪凤末年) 神秀至当阳玉泉山 , 创建道场° 乡人祀敬尖羽 , 秀乃毁其祠° 忽阴云四合 , 见公
提刀跃马 , 秀仰问 , 公具言前事° 即破土建寺 , 令为本寺伽蓝° 自此各寺流传°(弘治本《三国志
通俗演义》卷之十六 引禅宗《傳燈錄》亦載此事 , 誰文字稍繁 , 类同俗讲）; 胡小偉 , 〈三教圆
融與關羽崇拜〉《三國演義學刊》(荆州市三國演義研究會) 2001年 第2期) 2쪽 참조.

311 胡小偉, 앞의 논문 2쪽 참조.

던 것이다. 이러다 보니 송대 천태종의 승려들이 정리한 경전에는 불가의 이야기와 함께 당시 제왕들이 좋아한 관우를 억지로 끌어다 붙여놓기도 했다.[312]

이후 이민족 왕조인 몽고족의 원나라나 만주족의 청나라 모두 관우를 숭배하게 되어 관우는 민족과 종교를 초월하는 신의 지위에 이르게 된다. 그러다 보니 명·청 이후에는 불교 사원에 관우를 가람보살로 모시는 것이 점차 보편화 되어져 갔다. 이것이 이어져 오늘날까지도 중국의 유명 사찰에는 호법관우상이 존재하고 있다.[313]

이처럼 불교는 관우 신격화의 주요한 한 요인이 되었던 것이다.

도교

도교는 유교와 더불어 중국의 전통적인 양대 종교의 하나였다. 중국의 전통적 시각에서 보면 관우 신앙은 사실상 도교에 속하는 것이다. 관우 사당 또한 도교에 의해 관장되어 왔기에 관우는 도교와 가장 밀접한 관계에 있다 하겠다. 한 대에 유가가 통치 지배 이데올로기로 채택되어진 이후 국가의 기반이 되어 통치계층의 정신세계를 장악하고 사회의 주요부분에 큰 줄기로 자리매김 하게 된다. 그

---

312 元豊 4年, 張商英,《重建關將軍廟記》등. 胡小偉, 앞의 논문, 2-3쪽 참조.

313 항주(抗州)의 영은사(靈隱寺), 용화산(龍華山)의 육신전(肉身殿), 소주(蘇州)의 서원사(西圓寺), 개봉(開封)의 대상국사(大相國寺), 북경(北京)의 장밀요사(藏密要寺), 옹화궁(雍和宮)과 홍라사(紅螺寺) 등.; 胡小偉, 앞의 논문, 3쪽 참조.

럼에도 불구하고 도교는 국가의 통치방향과 이념에 관계없이 민간에서는 유가를 능가하는 정신적 신앙으로 그 영향력이 계속되어졌다. 동한 말엽 불교가 중국에 전래되면서 중국인들의 정신적 신앙은 또 하나 늘어나 유·도·불 삼교가 병존하게 된다. 불교의 전래 이후 삼교로 병립되던 중국의 신앙세계가 통치계층을 주신도로 하던 귀족불교가 민간대중을 파고들며 대중불교화 되면서 민간대중 종교 영역에서 도교의 경쟁적 요소가 되어 영향을 미치자 도교에서는 다소간의 위기의식이 대두되어진다. 이에 도교는 도교에 애정있는 송대 통치군주를 활용하여 도교의 민간에서의 지위를 지켜나가게 된다.[314] 송대 도교의 역할로 인해 관우는 황실에 의해 왕으로 추존되어 본격적으로 신격화되어지며 국가차원의 관우 숭배가 시작된다. 이런 과정을 통해 도교는 자신들과 가까운 관우의 위치와 존재를 통치계층에 알려 도교의 종교적 지위를 강화했던 것이다.

관우는 도교와 가장 깊은 관계가 있다. 도교가 관우를 가장 높게 치켜세우고 가장 대단하게 선전하였기 때문이다. 중국의 관묘는 역대로 줄곧 도사들에 의해 관장되어 왔고 전통적인 분류에 따르면 관우 신앙은 도교에 속하는 것이기도 하다. 도교에서는 관성제군 관우를 최고의 지위에 모시면서 관우 신앙을 이용한《관공각세진경 關公覺世眞經 》,《관제명성경 關帝明聖經 》등의 책자까지 만들어 교리

---

314   太宗, 眞宗, 徽宗 등이 도교와 가까웠는데, 徽宗이 특별히 가까웠다. 蔡東洲 文廷海 著, 앞의 책, 92쪽.

를 선양하고 있다.

위·진 이후 불교가 들어오면서 중국의 고유문화는 변화를 겪게 된다. 도교는 중국 본토신앙을 종합하여 창건된 것인데, 유가와 더불어 중국 전통 사상의 한 축을 형성해 오다 불교의 전래로 삼교가 정립되는 형세를 지니게 되었다.

그러다 노자가 당나라 황실에 의해 정통성을 인정받게 되고, 특히 '태성조고상대도금궐현원천황대제 太聖祖高上大道金闕玄元天皇大帝' 라는 존호와 태청궁이라는 시호까지 받게 되자, 도교의 힘은 점점 커져갔다. 또 송대에는 당을 이어 태종이 강신하고 진종은 천서를 내리게 되고 나아가 휘종에 이르러는 "관우가 치우를 격파하다."의 이야기가 성행하자 절정의 시대를 맞이하게 된다.

도교와 관우 숭배의 인연은 실제로 북송 때부터 시작했다.《고금도서집성 古今圖書集成 · 신이전 神異典 》37권에 관우가 북송에서 다시 봉해진 과정이 서술되어 있다.[315] 이 외에 비교적 믿을 수 있는 기록은《속자치통감 續資治通鑑 》89권《송기팔십구 宋紀八十九 》에 보인다.[316] 이외 송대에는 끊임없이 관우와 해주 염지에 관련한 이야기가 전해져 왔다.[317]

---

315 宋眞宗大中祥符□年敕修關聖廟°(《解州誌》有"關聖廟在城西門外 , 宋眞宗大中祥符年間敕修")哲宗紹聖三年賜玉祠額曰"顯烈王"°徽宗崇寧元年追封"忠惠公", 大觀二年加封"武安王"°宣和五年敕封"義勇武安王"°(《宋史》諸本紀皆不載) ; 胡小偉, 앞의 논문 4쪽 참조.

316 《續自治通鑑》卷八十九《宋紀八十九》: "(崇寧四年1105年)五月 , 壬子 , 賜信州龍虎山道士張繼元號虛靜先生°漢張道陵三十代孫也°張氏自是相襲爲山主 , 傳授法籙者 , 卽度爲道士°" "六月 , 丙子 , 御紫宸殿 , 以修復解池 , 百官入賀 , 解池爲水浸壞八年 , 至是始開四千四百余畦 , ": 胡小偉, 앞의 논문 4쪽 참조.

이와 같이 송대에 이르러 관우는 본격적으로 도교에 의해 신격화되어지는데, 그 원인으로 다음 몇 가지를 들 수 있겠다.[318]

첫째, 부록파符籙派 도교의 적극적인 정치 참여이다. 안사의 난 이후 중국 사회는 이미 오랜 시간 불안정한 상태에 처해 있었다. 이에 부록파라는 사람이 출가하여 세상을 구하는 것에 중점을 두어 보편적인 사회성을 중시하게 된다. 부록파의 도사는 왕의 장수, 국가의 안정, 백성들의 풍요뿐만 아니라 충효를 선양하고 오륜을 제창하게 되자 관방이 제창하고 민간이 환영하게 되었던 것이다. 매번 기념일 혹은 제왕의 생일을 맞아 부록파가 도법으로써 나라를 위해 재앙을 막는 것도 북송에서 제도적으로 확립되었다.

둘째, 국가적으로 중요한 해주 염지의 재해를 그 고장 출신 관우가 현성하여 해결해 주었다고 믿기 때문이다. 치우를 참한 이야기는 실제로 부록파 도사가 현실에 관심을 갖고서 백성들의 근심을 풀어 풍요롭게 하고자 하는 도교의 종교적 방향성과 일치하는 것이었다.

소금의 세는 서한 이래 나라의 재정에 있어 가장 중요한 부분

---

317   王世貞《弇州續藁》: 宋政和(1111-1117年)中, 解州池鹽至期而敗, 課則不登, 帝召虛靜眞人詢之°奏曰: "此蚩尤神暴也°" 帝曰: "誰能勝之?" 曰: "關帥可, 臣已救之矣° 尋解州奏大風霆僵巨木, 已而霽, 則池水平若鏡, 鹽復課矣° 帝召虛靜勞之, 曰: "關帥可得見乎?" 曰: "可°" 俄而見大身克庭, 帝懼, 拈一崇寧錢投之, 曰: "以爲信°" 明日, 封崇寧眞君° 錢曾《漢天師世家》一卷 中稱三十代天師諱繼先者, 宋崇寧二年投符解州鹽池, 礫蛟死水裔° 上問: "用何將?" 隨召關某見於殿左° 上驚, 擲崇寧錢與之, 曰: "以此封汝°" 世因祀爲"崇寧眞君" 此當是關帝受封之始°

318   胡小偉, 앞의 논문 5쪽 참조.

을 담당하여 왔다. 군비와 관리 녹봉의 대부분이 이에 의존하였는데, 특히 해주 염지를 가장 높게 쳤다. 이토록 중요한 해주 염지에 재해가 온 것은 당연히 조정이 놀랄만한 큰 일이 아닐 수 없었다. 이를 관우가 해결했다고 생각하니 도교를 굳게 믿었던 북송의 진종, 철종, 휘종 등의 황제들은 비록 황제라 하더라도 관우를 숭배하지 않을 수 없었던 것이다.

셋째, 송대는 당·오대의 혼란스러운 파국을 수습한 후 통일된 정권을 창립하고, 오대 주세종周世種의 '멸불흥도滅佛興道' 정책을 이어나갔다. 송대 개국군주와 도교의 관계에 관해서 줄곧 많은 전설들이 있었다. 송나라 석문영釋文瑩의 《상산야록湘山野錄》과 《송사宋史·태조기太祖紀》 등을 살펴보면 그 대략을 알 수 있을 듯하다.[319] 태종 때는 강신이 계속되었고, 이후 진종眞宗 등의 여러 황제를 거쳐 도교는 황실과 관계를 이어갔으며 휘종 때는 황제 스스로가 '교주도군황제敎主道君皇帝'라고 봉하게 되니, 부록파 도사들은 모두 중요한 정치적 사회적 역량을 발휘하게 되었던 것이다. 이처럼 도교는 더욱더 발전해 나갔던 것이다.

넷째, 중국 도교 각 문파의 전격적 추종이 있었다. 중국의 도교 역사에서 정일파正一派는 중요한 문파였다. 이 정일파를 중심으로 관우가 추존되어 신격화되어 갔는데, 문파를 떠나 도교 전체의 통속적 권선서에 관우와 관련된 《관제각세진경關帝覺世眞經》, 《관제명성경關帝明聖經》, 《계세자문戒世子文》 등이 있다. 또 전진파全眞派의

---

319   胡小偉, 앞의 논문 6쪽 참조.

북경 백운관 白雲觀 과 무당산 武當山 도관 道觀 안에도 관우의 '재신 財神 ' 혹은 천존 天尊 의 조상 造像 이 있다. 이처럼 도교에서의 관우 숭배는 용호산 龍虎山 남종 南宗 정일파뿐만 아니라 원대에까지 성행했던 북종 北宗 전진파에 의해서까지 추종되었던 것이다.

이상에서 보듯이 도교의 역할로 인해 관우 숭배는 송대 황실에 자연스레 영향을 미치게 되어 관우 신격화를 가속시켰던 것이다. 결국 황제의 의해 관우는 숭녕진군으로 봉해지게 되어[320] 본격적인 관우 숭배가 국가적 차원으로 부각되기 시작했던 것이다.

유가

유가의 입장에서도 관우가 필요하였다. 역사상 관우의 인품과 행위는 유가의 도덕규범과 잘 부합되었기에 통치계층 사대부 유가들의 적극적인 지지를 받기에 충분하였다. 실제로 관우의 행동은 유가기준에 위배됨이 없이 유가문화의 도덕원칙을 잘 실천하였다. 사실 유가 지배 이데올로기로 세상을 이끌어 온 중국의 전통봉건 왕조는 잘 정리되어진 이 유가 통치이념을 세상에 어떻게 더 잘 실현할 수 있을까 하는 사회실천이 역대로 주요한 과제였다. 특히 줄

---

320   王世貞《弇州續藁》: 帝召虛靜勞之 , 曰 : "關帥可得見乎?" 曰 : "可" 俄而見大身克庭 , 帝懼 , 拈一崇寧錢投之 , 曰 : "以爲信 " 明日 , 封崇寧眞君

곧 강한 북방민족의 위협에 시달리고 있었던 송나라는 북방에 대항할 수 있는 강한 나라를 만들기 위해 세상을 안정시키고 사회 구성원들의 결속과 일체감을 위해 공감대 형성이 필요하였다. 이때 민간사회 속에서 존재하고 있던 관우라는 인물을 발견하였던 것이다. 특히 유가의 이념과도 잘 부합되는 관우의 충의사상을 발굴해내어 부양시켜나간 것이다. 이를 통해 기존 공자사상만으론 다 채울 수 없었던 중국 민간인들의 마음속 다른 한 부분을 관우를 계속 추존해가면서 그의 충의로써 채워나갔던 것이다. 즉, 관우 숭배를 활용하여 유가사상의 실천 부분을 보완하였던 것이다. 결국 관우의 출현은 유가문화를 민간인들에게 어느 정도 친근하고 알기 쉽게 만들었고 충의는 누구나 할 수 있고 또 실행해야만 하는 것으로 인식하게 하였던 것이다. 충의로 대표되어지는 그의 감성적 형상은 이성적인 공자문화에서 볼 수 없었던 매력을 지니고 있었던 것이다. 이를 통해 유가문화는 전 중국 사회에 새로운 도덕적 심리구조를 조화롭게 조성하게 되었던 것이다. 유가와 관우 숭배와의 만남이 가장 늦게 이루어졌지만 결국 이로 인해 관우는 비로소 전 민족적 지위를 확립하게 된 것이다.[321]

역사상 관우의 인품과 행위는 유가의 '충효인의'의 도덕규범과 잘 부합되었기에 상부계층인 사대부 유가들의 적극적인 추종을 받게 된다. 유가들은 관우를 '충의'의 화신으로 삼아 그를 신격화시켰

---

321   胡小偉, 앞의 논문, 7쪽.

던 것이다. 중국 봉건사회에서 유가사상은 줄곧 상부계층의 통치이념으로 작용하였기에 그 영향은 상부계층뿐만 아니라 일반 민간인들의 관우 신격화에도 큰 영향을 미치게 된다.

유가는 삼교 중에서 마지막으로 관우 신격화에 관계하게 된다. 그러나 바로 유가의 관여로 인해 관우 숭배는 결국 전 민족적 지위를 확립하게 되었다. 관우 신격화의 진행과정을 보면, 아래에서 위로 올라가는 것 즉 민간의 신앙과 종교 세력에서부터 시작하여 상부계층인 사대부와 통치계층으로까지 확대되어진 것이다. 문인유생들이 관우를 받아들이게 한 중요한 요인은 바로《춘추春秋》가 유가 역사관의 대표였기 때문이다.

관우의 신격화가 본격적으로 진행되어진 송대는 유학이 새로운 발전 단계에 놓여 있었다. 구양수歐陽修가 저술한《신오대사新五代史》는 춘추의 필법을 본받은 것이었다. 또 남송 말에 주희가《춘추》의 '존왕尊王'을 제창하면서 이학이 금金, 원의 유생들 사이에서 연이어 성행하게 된다.

명·청에 이르러 주희의 저작이 과거시험의 표준이 되고, 황제에 의해《춘추》가 수험생들의 필독서로 지정되었다. 이런 상황인데다 배송지가 주석을 단《삼국지》의《강표전江表傳》에 "관우는《좌씨전》을 좋아해 내용을 모두 외울 수 있었다."는 글이 적혀 있다. 이로 인해 관우는 과거 준비생들의 총애를 받게 되었다. 명·청시대 수험생들 사이에서는 자주 관우가 꿈에 나타나 문제를 풀어준다는 이야기가 있었고 '시험의 신'으로 모셔져 제사를 지내게 된 것 역시 여기에서 기인하였다.[322]

뿐만 아니라 관우·유비·장비 사이 "잠을 잘 때는 같은 침대에서 자고, 가깝기가 형제와 같았다."[323]라는 특별한 군신관계, 특히 그들과 함께 활동하며 계속해서 헌신했던 역사 속의 실제 사실과 모습은 유가의 도덕적 이상과 부합하는 것이어서 역시 송대 이후 유가 지식인들에게 특별한 환영을 받았던 것이다.

종합적으로 서술하면 관우는 꿈에 나타나 신통력을 발휘하는 것으로 불교와 인연을 맺었고, 현신하여 요괴를 평정하는 것으로 도교의 액막이 역할을 하였고, 충의의 정신으로 유가의 이념과 함께하게 되었다. 관우 신격화와 삼교와의 관계는 관우가 죽은 후 민간에서 시작되어 맺어져 오다 당을 거쳐 송대에 이르러 잇따라 구체적으로 형성되어 졌던 것이다.

송대는 중국 역사상 전통적 삼교를 융합하여 새로운 문화를 수립한 중요한 시기였다. 관우 신격화 역시 송대부터 중국의 전통적 사상문화와 본격적으로 함께하였다. 이처럼 전통 삼교는 관우 신격화에 큰 영향을 미쳤던 것이다.

종교 사상적 측면에서 관우 숭배를 정리해보면 민간인들의 신명 숭배는 관우 신앙의 기반이 되었고 불교·도교는 차원 높은 정신적 세계를 불어넣었고 유가는 도덕원칙에 바탕하여 관우에게 영

---

322 胡小偉, 앞의 논문 9쪽 참조.
323 〈關羽傳〉; "先主與二人寢則同床, 恩若兄弟." (陳壽, 앞의 책, 582쪽)

혼을 만들어 국가차원의 신으로 공인해주었다.

이처럼 유·불·도 삼교는 각자의 필요에 의해 민간사회에서 민간신앙으로 추앙되고 있던 관우를 종교적 영역의 신으로 격상시켜 갔다. 이에 인간의 영역을 초월한 관우는 신이 되고, 중국인들의 머릿속에 내세에 대한 인식이 생겨나게 되어, 그에 따라 숭배대상에 대한 신비한 인식이 전제되어 영혼 속 신비감이 생겨나고 이로써 절대자에 대한 기복의 마음을 지니게 되어 종교적 차원의 사유능력이 생겨나게 되었던 것이다. 전통 중국인들의 종교와 사상체계에서 찾아볼 수 없는 삼교를 초월하는 관우신이 탄생되어 그들의 정신영역의 한 구석에 자리하고 있던 종교적 욕구에 대한 보완을 한 종교 사상적 측면에서 의의를 지녔다 하겠다.

지역과의 연관성

　관우 숭배는 지역과의 연관성이 뒷받침되어 발양되어졌다. 관우의 모습은 가족의 혈연관계를 뛰어넘는 중국인들의 전통적 지연관계 의식과 맞아떨어진다. 이는 지역사회에 큰 공감요소로 작용한다.

　중국인들도 전통적으로 자기 지역에 대한 사랑이 강하다. 관우가 비혈연관계인 유비, 장비와 맺은 결의형제는 비록 꾸며진 이야기이긴 하지만 더불어 사는 삶이 중요한 전통적 중국 민간사회에서는 좋은 본보기가 되었다. 이는 윤리적 면에서도 충분히 공감되어지는 흡인력 있는 부분으로서 삼강오륜을 뛰어넘는 개념이었다.

　'홀로'보다 '함께'가 효율적인 농경문화 속에서 살아온 중국 민간인들에게 있어 작은 의미의 가족을 뛰어넘은 관우의 의는 이상적인 것이었다. 이는 같은 환경 속에서 함께 도우면서 살아온 중국 민간인들의 정서 속에 혈연을 뛰어넘는 공감대 즉, 지연적 개념이 일찍부터 자리잡고 있었기 때문이다. 같은 생활권의 지역 사람이라면 가족이 아니라도 그 이상의 관계로 살아갈 수 있다는 것이 바로 그런 생각이었다. 비록 피를 나눈 형제도 아니고 같은 날 태어나지도 않았지만 같은 날 죽기를 바란다는 관우의 의는 혈연을 뛰어넘는 함께라는 개념이 있었기 때문이다. 물론 유비 또한 그러했다. 관우의 복수를 위해 주위의 이성적 충고에도 불구하고 무모하게 대응하여 큰 화를 자초하였지만, 이들의 모습은 지연적 관계에 익숙한 중국 민간인들에게는 자연스레 받아들여지며 오히려 감동적으로 이해되어졌던 것이다. 가족이 아니면서도 가족보다 더한 모습을 보이는 것이 사회의 공감대를 형성하기에 충분했다. 결국 비혈연관계로서 종법제도를 대신하고 초월하는 것은 중국인들 의식 속에는 가장 훌륭한 의의 모습이 되어 중국 민간인들이 힘들 때 서로 믿고 단결하여 의지하도록 하는 정신적 지표가 된 것이다.[324]

이런 의식은 지역에 대한 공감적 인식과 사랑으로 발전되어져 소위 말하는 지연이라는 것이 되는 것이다. 이는 중국인들의 전통적 지역 사랑의 모습에서 쉽게 찾아볼 수 있다. 삼국문화 지역에서만 봐도 오늘날 중국에 두 곳의 융중隆中이 존재하고 있고, 여러 곳의 적벽赤壁이 있으며, 두 곳의 도원결의 장소가 있는가 하면 관우의 무덤도 세 곳이나 된다.[325] 이 모두가 중국인들의 지역 사랑의 결과로 인해 진위와 관계없이 생겨난 것이다.

---

324 孟祥榮, 앞의 논문, 22쪽 참조.

325 남덕현, 앞의 책, 156쪽, 176쪽, 370쪽. 桂郁 主編, 《樓桑三義宮》(涿州; 涿州文化叢書, 2001) 참조.

이런 중국인들의 지역 사랑은 민간에서는 지역신앙과도 연결되어진다. 중국 전통사회의 민간에서는 그 지역에 영향력을 미친 역사적 실존 인물에게 제를 올리며 숭배를 하였다. 이러한 현상은 송대 이학의 성행으로 인한 윤리질서가 생기기 전에 더욱 심하였다. 이런 전통은 아직도 이어지고 있어 오늘날 삼국문화유적 지역에서만도 쉽게 찾아볼 수 있는데, 장비을 모신 장공사나 조조를 모신 오림의 조공사, 탁주의 삼의궁 등[326]이 있다. 결국 이런 지역적 인식에 대한 요인이 영향을 미쳐 관우가 죽음을 당한 곳인 형주 지역에서는 이런 인연으로 인해 관우를 민간신으로 숭배하기 시작했다. 그러다 보니 관우와 관련된 많은 전설이 전해져 오고 있고[327] 형주 지역의 곳곳에 지금까지도 관우와 관련된 많은 유적들이 남아 있다.[328] 이렇게 형주에서 시작된 관우 민간신앙은 종교적 이유와 통치자들의 목적에 의해 규모가 다른 차원이 되어 점점 그 지위가 높아져 갔다.

또한 이런 관우 신앙이 전 중국의 보편적 문화현상이 되는 데는 관우 고향 사람들의 역할이 컸다. 관우가 언제 고향을 떠났는지 알 수는 없지만, 관우는 오늘날까지 여전히 고향인 산서성 해주解州 사람들에 의해 추존되어지고 있다.[329] 해주는 예로부터 소금이 나는

---

326 남덕현, 앞의 책, 32쪽, 163쪽, 참조. 桂郁 主編, 앞의 책, 참조.
327 熊永, 앞의 책, 46-76쪽.
328 蔡遠雄 等, 앞의 책, 남덕현, 앞의 책, 참조.
329 解州關帝廟와 常平關帝廟를 고향인 運城에 지어놓고 관우의 영혼에 제사지내며 모시고 있다. 馬書田 馬書俠 著, 앞의 책, 127-143쪽. 蔡東洲 文廷海 著, 앞의 책, 226쪽, 231쪽 참조.

중요한 지역이었다. 관우가 죽은 후 형주 지역의 지역신에서 전 중국 사회의 호국신이 되었다가 본격적으로 민간인들의 생활 속 신으로 모셔져 숭배되는 데는 중국 북방 상권을 장악하고 있던 관우의 고향 상인들의 역할이 컸다. 소금의 공급과 판매를 통해 전 중국 상권을 장악한 해주 상인들은 전국적 조직망을 구축하고 활동을 하였다. 자신들의 믿음과 결속을 위해 마음속으로 고향신 관우를 섬기며 전국을 다닌 것이 온 중국 사회에 영향을 미쳤던 것이다. 이들은 고향을 떠나 상인생활 및 사회생활을 하는 데 꼭 필요한 정신적 지주로서 관우를 가슴에 간직하고 다녔는데, 이 과정에서 관우 신앙은 특정 지역만의 신앙이 아닌 전국적 신앙으로 한 단계 발전되어져 갔다. 산서인들의 관우에 대한 믿음과 태도가 그들의 물질적 풍요뿐 아니라 정신적 풍요의 근원임을 알게 되자 이들의 굳은 믿음이 중국의 다른 지역 민간인들에게는 흉내 내고 싶은 본보기로 작용하게 되었다. 산서인들의 관우에 대한 믿음이 깊어지자 그들의 우상 관우는 특정 지역을 뛰어넘어 전 중국인의 사랑을 받으며 우상화되어졌던 것이다. 이렇게 우상화되어진 관우는 곧바로 전 중국인들의 학습대상이 되어 마침내 숭배의 대상이 되어진다.[330]

결국 형주 지역민들의 근원적 관우 사랑은 지역 신앙으로 승화되어졌고, 산서 상인의 고향사람 관우에 대한 사랑은 영혼에 대한 사랑과 믿음으로 한 차원 높아지게 되었다. 이리 되자 전 중국은 물론이고 이전 산서 상인이 전 중국을 돌며 그랬듯이 전 세계로 퍼져

330   김문경 저, 《삼국지의 영광》(서울: 사계절출판사, 2002), 167-170쪽 참조.

나간 화교들에 의해 관우 숭배 문화는 세계화되어진다.[331] 해외 화교들의 사랑에 바탕한 관우는 이제 글로벌 시대에 적어도 중국인들이 밀집한 지역에서만은 새로운 정신적 지도자로 위치하고 있는 듯하다.

관우 숭배의 지역과의 연관성 즉, 관우 신앙의 지역적인 면에서의 발전 변화는 그 원형이 형주 지역에서 발원되어 이후 삼국지 관련지역으로 퍼져갔고, 다음으로 전국으로 확대되어 결국 전 세계로 전파되어 간 것이기에 전 국민적 민족적 문화현상으로서의 의의를 지닌다 할 수 있겠다.

---

331 劉海燕 著, 앞의 책, 118-123쪽. 朱正明 著, 《關公聖迹》(太原; 山西科學技術出版社, 2004), 96-99쪽, 馬書田 馬書俠 著, 앞의 책, 第十章 〈關帝廟遍天下〉, 등 참조.

관우

영웅을 넘어 신이 된 사람

1판 1쇄 인쇄 | 2014년 3월 12일
1판 1쇄 발행 | 2014년 3월 15일

지은이 | 남덕현
펴낸이 | 김태완

편집 | 맹한승
디자인 | 파피루스

도서출판 현자의 마을
506-357 광주광역시 광산구 박호등임로 485

전화 | 062-959-0981
팩스 | 02-712-0288
등록번호 | 410-82-20233(2012. 12. 17)

잘못된 책은 바꿔 드립니다.
ISBN 979-11-951244-3-5 93150